ESPECT A LA LOI

A LA PORTE LES JÉSUITES

PAR

LUCIEN GUENEAU

Prix : **45** centimes.

PARIS

LIBRAIRIE DU MAGNÉTISME

23, RUE SAINT-MERRI, 23

1896

(Reproduction autorisée).

A LA MÊME LIBRAIRIE

Par le Capitaine Lucien Gueneau

La Terre. — *Evolution de la Vie à sa surface. Son passé, son présent, son avenir*, étude analytique de l'importante ouvrage de M. Emmanuel Vauchez. . . . 30 cen

OUVRAGES DE M. EMMANUEL VAUCHEZ

La Terre. — Evolution de la Vie à sa surface. Son passé, son présent, son avenir. 2 vol. in-8° de 372-397 pages, avec 66 fig. et un tableau en couleurs du règne végétal et du règne animal . . . . 15 f

Cet ouvrage d'enseignement populaire est appelé un très grand retentissement. On y trouve exposés, pour ainsi dire synthétisés, les résultats des prodigieuses découvertes scientifiques de notre siècle.

Dans un style clair, à la portée de toutes les intelligences, l'auteur explique la formation du globe terrestre. Il a interrogé d'abord, résumé ensuite, l'astronomie, la physique, la chimie, la géologie, la biologie, l'anthropologie et la sociologie, sans oublier le magnétisme et même le spiritisme, pour nous présenter système de l'évolution de la vie matérielle et spirituelle à la surface de la terre. C'est donc un ouvrage des plus intéressants, aussi bien pour les savants que pour les gens du monde qui veulent se familiariser sans efforts avec les vérités principales du monde scientifique.

Messieurs de Loyola. — *La Banqueroute de la Science et la Faillite de l'Instruction obligatoire, gratuite et laïque.* . . . . 30 cen

Très curieuse étude montrant que la Science a tenu toutes ses promesses, tandis que les Jésuites ont failli à tous leurs engagements.

L'Education morale. . . . . 15 ce

Etude fort judicieuse, montrant l'importance de l'idée spiritualiste, et le rôle qu'elle doit jouer dans l'éducation.

L'Expulsion des Jésuites

A titre de propagande, le présent ouvrage est expédié franco, en gare du destinataire, aux conditions suivantes :

100 exemplaires : 20 francs.

50 » 12 »

CT A LA LOI

A LA PORTE LES JÉSUITES

PAR

LUCIEN GUENEAU

Prix 45 centimes

PAR

LIBRAIRIE DU MAGNÉTISME

RUE SAINT-MERRI, 23

1896

(Reproduction autorisée)

L'EXPULSION DES JÉSUITES

CHAPITRE PREMIER

A nos gouvernants. — Un mot d'avertissement.

Sur la fin de l'Empire, en 1869, on signait, au bureau du journal l'*Opinion nationale*, une pétition qu'on trouvera ci-jointe, qu'adressaient à messieurs les Sénateurs d'alors, un certain nombre d'électeurs lyonnais émus, anxieux des dangers que faisaient courir à la paix publique les menées des Jésuites. Ces honnêtes gens, confiants dans la vigilance de nos sénateurs pour le maintien du respect des lois dont ils avaient la garde, à raison de trente mille francs par an et par tête, osaient demander respectueusement l'exécution des lois en ce qui concernait la congrégation des Jésuites, qui, rentrés en France malgré tous les décrets d'expulsion qui les frappaient, se comportaient chez nous comme en pays conquis.

Que firent de cette pétition les gardiens de la constitution ? Je l'ignore ; mais le fait certain, c'est que moins d'un an après, la guerre de 1870 éclatait.

On a appelé cette guerre qui nous mit à deux doigts de notre ruine et dont nous souffrons si cruellement encore, la guerre de l'impératrice, c'est à tort : l'impératrice ne fut alors que l'instrument passif de ses bons amis, messieurs les Jésuites, qui, furieux de voir Bismarck s'opposer à leurs projets de main-mise sur la Prusse, poussaient à la guerre dans l'espoir de pouvoir ensuite pêcher tout à l'aise en eau trouble. La guerre de 1870 est donc leur guerre, la guerre des Jésuites, l'aurait-on oublié ? On sait ce qui advint.

L'Empire s'effondra, les sénateurs avec, mais les Jésuites nous restèrent ; la peste ne meurt jamais.

A peine étions-nous sortis de la tourmente, qu'ils s'empressaient de profiter de nos embarras pour rétablir leurs affaires. L'Empereur n'était plus, vive le Roy.

On vit alors se reformer, sous leur direction, ce fameux parti catholique, ce parti clérico-monarchique qui, non content de vouer la France de Voltaire au *Sacré-Cœur* (?), nous apporta toutes sortes de bénédictions papales: le 24 mai, le 16 mai, le Mac-Mahonnat, etc., et qui faillit nous ramener Henri V... et le reste.

Je laisse de côté toutes nos luttes d'alors, luttes dans lesquelles le Jésuitisme joua le premier rôle et déploya toutes les infernales ressources de cette politique de ruses, de cautèles à laquelle il a attaché son nom.

La France pouvait périr dans la lutte, mais peu importait à ces stercoraires qui vivent du vivant et du mort.

Après nous être livrés au plus pénible labeur, comme l'écrivait si énergiquement Hector Depasse, nous sortions de cette lutte meurtris, sanglants, sauvés enfin ! Nous triomphons, nous vivons et voilà que nous ne faisons pas *la chose indispensable.* » Voilà qu'oublieux du passé, qu'oublieux du respect des lois, comme de vrais sénateurs de l'empire, nous gardons précieusement chez nous, l'ennemi qui nous a causé de si grands maux. On ne dira pas non, la congrégation de Jésus est aujourd'hui chez nous comme chez elle ; on dit même qu'elle y est plus puissante que nous et qu'on ne tardera pas à en décorer tous les membres, tout au moins un pour commencer, si ce n'est déjà fait — c'est ce que je lis à l'instant dans un journal des plus sérieux — nous apporterons du reste, tout à l'heure, toutes les preuves à l'appui de notre dire.

En attendant, et afin qu'ils n'en ignorent, comme on dit en style judiciaire, je me permets de mettre sous les yeux de qui de droit, la pétition de 1869 ; souhaitant qu'on en fasse meilleur profit qu'alors.

La cause n'a pas changé : le péril est toujours le même et, si je ne me trompe, il n'a fait qu'augmenter depuis : qu'attend-on pour le conjurer ? qu'il soit trop tard sans doute.

Messieurs les Sénateurs

La Constitution vous confie la garde de nos lois. Nous venons respectueusement signaler à votre vigilance, une société qui s'est établie de nouveau dans notre pays et qui s'y développe d'une manière inquiétante, malgré les justes interdictions prononcées contre elle. Nous voulons parler de la *Société de Jésus.*

« Chassés de France une première fois, par l'édit royal du 7 janvier 1595 comme convaincus d'avoir prêché l'assassinat et participé, par leurs excitations, à une tentative d'homicide contre Henri IV, les Jésuites rentrèrent bientôt secrètement en France. Henri IV ferma les yeux sur l'inexécution de la loi portée contre eux ; il ne tarda pas à payer de sa vie cette tolérance.

« Chassés de nouveau pour l'immoralité de leur enseignement par l'édit royal de 1764, leur Ordre a été définitivement aboli dans notre pays par les lois du 10 février 1790 et du 18 août 1792 et par le décret du 3 messidor an XII qui ordonnent la dissolution de toutes les congrégations.

« Si d'autres associations religieuses ont été, depuis, autorisées légalement à se reconstituer, celle des jésuites n'a été l'objet d'aucune mesure de ce genre. Les ordonnances du 12 juin 1828 ont de nouveau confirmé cette exclusion. Elle ne peut donc exister qu'à l'état de Société secrète, sous la tolérance de l'administration, et sans aucune garantie pour l'ordre public.

Or, cette tolérance n'est justifiée par aucun service, tant s'en faut. Les Jésuites n'ont cessé d'être pour la France, comme pour tous les pays où on les a laissés s'établir, une cause de troubles et d'agitation sourdement fomentés.

Depuis quelques années, ils se sont appliqués spécialement à réveiller des haines que l'on croyait à jamais éteintes. A l'aide de coupables enseignements, de manœuvres plus coupables encore, ils ont tout fait pour ressusciter le vieil esprit Vendéen; c'est dans ce but qu'ils ont ouvert ces collèges dont les élèves sont à peu près exclusivement recrutés parmi les descendants de l'ancienne noblesse légitimiste.

« En même temps ils soufflent dans le clergé un esprit d'hostilité contre nos institutions et cherchent à faire prévaloir ces doctrines immorales qui ont fait de leur nom le synonyme d'imposteur, et que nos anciens parlements ont si énergiquement flétries.

« D'autre part, les Jésuites pratiquent, avec un succès peu rassurant pour les familles, l'accaparement des héritages, de sorte que nous avons maintenant en France le spectacle d'une *Société secrète, hostile à l'État, nuisible aux particuliers, nuisible à nos institutions, dangereuse par ses doctrines*, et qui, proscrite par nos lois, prospère et grandit sous la tolérance de l'Administration.

Nous venons donc, messieurs les Sénateurs, vous demander respectueusement le retour à la légalité, c'est-à-dire la suppression de l'Ordre des Jésuites en France. »

Avons-nous un seul mot à changer aujourd'hui à cette pétition ? Non. Tous les faits qu'elle rapporte sont de la plus scrupuleuse exactitude, tous les dangers qu'elle signale, sont malheureusement plus que réels. Plus que jamais, les Jésuites cherchent à exciter le trouble dans les esprits ; plus que jamais ils essayent de recommencer une nouvelle Vendée, dans toute la France. L'esprit qui les anime n'a pas changé et c'est toujours aux cris de sus au laïcisme, sus à la science, sus à la liberté, pour la plus grande gloire du Dieu d'Ignace de Loyola qu'ils recommencent leur campagne ; les lois qui les frappent d'expulsion n'ont pourtant pas été rapportées que nous sachions depuis 1870 ; nous croyons même qu'elles ont été renforcées, c'est donc faire œuvre de bon citoyen, d'ami de l'ordre et de la paix, que de les rappeler à qui de droit.

Faut-il donc qu'on nous dise toujours de nous que nous n'avons rien appris et que nous avons tout oublié ? Que nous ne nous souvenions plus que c'est au cri de *Jésus-Maria*, cet horrible mot d'ordre des impériaux et des égorgeurs de jadis qu'on a commis les plus effroyables massacres dont l'histoire ait gardé le souvenir, passe encore, à la rigueur, tout le monde n'est pas tenu de connaître l'histoire, et on a pris soin, du reste, de n'enseigner au peuple qu'une histoire saintement arrangée ; mais que nous, hommes de la Révolution, qui ne sommes hommes que par elle, citoyens que par elle, propriétaires que par elle, nous ne nous apercevions pas que, pendant que l'esprit de libre examen cherche à secouer le joug de l'obscurantisme, que pendant que ce grand frémissement de la Révolution ouvrant la porte à la liberté, agite le monde, le Jésuitisme reste le factionnaire de l'immobilisme, le gardien du passé, le champion féroce de toutes les réactions, c'est à n'y plus rien comprendre.

Ignorer que la mission du Jésuite est non

pas une mission religieuse, une mission de paix, mais une mission de guerre; que les fils de Loyola sont les séides de la théocratie, les janissaires de cette papauté qui n'a d'autre souci que celui d'assurer son pouvoir; et qui, pour y arriver, n'a reculé devant aucun crime, ce n'est plus de l'ignorance, c'est pactiser avec l'ennemi.

Le dieu des Ignaciens, leur religion, leur morale, ne savez-vous pas ce qu'en vaut l'aune? Si vous l'ignorez, lisez Escobar, lisez Mariana, le père Gury, etc. Si vous avez peur que je vous les cite, si vous craignez de relire les « *Monita secreta* », ces règles de la morale du parfait Jésuite, relisez tout au moins ce qu'en ont dit, non pas seulement notre immortel Pascal, non pas seulement Michelet, Paul Bert, etc., mais Thiers, mais Dupin et tant d'autres hommes d'Etat, qui ne passent pas pour avoir eu l'esprit subversif et, en attendant que vous relisiez leurs discours, permettez-moi de leur emprunter quelques rapides citations qui réussiront, peut-être à vous faire ouvrir les yeux.

Voici tout d'abord un pape, il devait être catholique tout autant que vous, Clément VIII, qui leur jette ce cri indigné :

« Brouillons, c'est vous qui troublez l'Eglise. »

Voici un avocat de la Cour de Cassation, Pasquier, qui est plus expressif encore : « Les Jésuites sont, dit-il, non pas les premiers piliers, mais les premiers pilleurs de l'Eglise », — « Vous voilà anti-chrétien en faisant l'apologie des Jésuites », dit de son côté, un prince de Gonzague des plus religieux à coup sûr.

Lisez encore cet avertissement que donnait, en 1844, Rossi à nos gouvernants : Leurs maximes morales, leur doctrine sur la puissance temporelle et spirituelle, leur vie agitée, les souvenirs qu'ils rappellent, tout cela suffit pour que les *législateurs prudents* les écartent.

« Tout ami sincère de l'Eglise, de l'Etat, de l'épiscopat et du gouvernement doit leur demander *d'éviter instamment, je ne dis pas toute alliance, mais toute apparence d'alliance* avec cette congrégation que repoussent les lois du pays. »

Et cet autre d'un garde des sceaux de la monarchie de juillet : « Il n'est pas possible qu'au sein d'une Société bien organisée, s'établissent d'autres sociétés rivalisant en quelque sorte avec elle, s'élevant au dehors et au-dessus d'elle. »

MARTIN DU NORD, garde des sceaux, 1845.

Et cette opinion de Dupin :

«Mon opinion sur les Jésuites est fixée depuis longtemps : les arrêts des cours souveraines les ont condamnés, les édits de nos rois ont supprimé leur société ; aucune loi ne les a rétablis en France : *On ne peut tolérer ce que la loi défend.* »

DUPIN aîné, 30 avril 1846.

La question *n'est pas religieuse, c'est une question politique,* il s'agit de l'existence légale ou illégale des congrégations dans l'Etat avec des dangers plus ou moins grands suivant la nature des congrégations. »

Id.

Laissons encore parler ceux-ci qui vont nous dire ce qu'ils pensent de leur enseignement :

« Depuis le décret du 3 messidor an XII, les lois s'opposent à l'établissement en France des communautés religieuses d'hommes, une loi antérieure avait dissous les Jésuites et, après leur avoir interdit jusqu'au droit d'exister en corps dans leurs maisons professes, on leur accorderait celui d'instruire la Jeunesse.

KÉRATRY, discours à la Chambre
des Pairs, 1844

Ces hommes qui réclament l'enseignement ne s'appartiennent pas à eux-mêmes, ils dépendent d'un chef placé à l'étranger entre les mains de qui ils ne sont qu'un instrument. On ne peut leur remettre l'enseignement qui est *une fonction publique*.

« Il faut que les congrégations religieuses soient exclues de l'enseignement. On connaît leurs tentatives pour s'en emparer.

MARTIN DU NORD, 1844.

On a cru que la Société française, que le siècle appartenait à ceux qui voudraient s'en saisir et l'on a conçu *l'incroyable pensée* d'obtenir pour le Clergé l'éducation de la Jeunesse.

THIERS, 1845.

« Les ordonnances de 1828, à la sagesse desquelles tout le monde a rendu hommage dans les deux chambres, ont enlevé à la compagnie de Jésus, la faculté d'enseigner, et ces ordonnances ont reçu leur exécution pleine et entière.

MARTIN DU NORD, garde des sceaux, 1845.

Je ne leur demande pas qui ils sont, d'où ils viennent, où ils tendent, ils mentiraient ».

ROYER-COLLARD.

« Le principe qui les dirige, le but qu'ils poursuivent, c'est l'abolition de l'Etat laïque, c'est-à-dire sinon l'annihilation du moins la subordination de ceux qui le représentent à la suprématie de l'église et, dans l'église à leur prépondérance, à leur *domination absolue*.

Leurs moyens, c'est la force quand ils peuvent l'avoir à leur service et la ruse la plus raffinée quand ils ne peuvent faire mieux. »

Je pourrais multiplier ces citations et montrer ainsi, preuves en mains, que la présence illégale chez nous de ces gens qui ont acquis tous les titres à d'immortelles flétrissures et dont la doctrine est la négation absolue de cette émancipation de la conscience nationale dans laquelle se résume l'idée maîtresse de notre république, constitue non-seulement pour nos institutions le plus grave des périls, mais qu'elle est, en quelque sorte, un défi jeté à l'opinion publique qui n'aime pas qu'on la brave impunément — elle aussi fait la loi si on vient à l'oublier.

Nous voulons conserver nos institutions, nous voulons l'évolution pacifique qui nous permettra d'aller sûrement vers des destinées meilleures, nous voulons rester sains et vigoureux, nous voulons rester loyaux et francs comme notre nom et nous conservons chez nous le jésuite dont le nom seul constitue le symbole d'obscurantisme, d'immoralité, de traitrise et de l'hypocrisie dans ce qu'elle a de plus odieux, nous avons péniblement conquis la suprématie du pouvoir civil sur le pouvoir théocratique, nous avons enfin l'enseignement laïque qui peut seul éclairer les consciences de nos enfants, et nous conservons, nous accueillons, au mépris de toutes nos lois, l'exécrable compagnie qui enseigne que la fin justifie les moyens, celle qui a établi le dogme monstrueux de l'infaillibilité papale, qui a pris la charge suprême de la défense du *syllabus*, qui poursuit, d'âge en âge, l'abolition de l'Etat laïque; nous laissons confier l'éducation de cette jeunesse républicaine dont nous avons la garde, à ceux qui sont la négation absolue de l'idée moderne, aux proscripteurs de la science, qui l'accusent bêtement de faillite, à ceux qui organisent, en ce moment même, sous vos yeux, avec votre permission, la plus infâme perversion des consciences et du sentiment religieux.

Ces condamnés, ces bannis ne sont-ils pas, aujourd'hui, et vous me le nierez pas, en bonne voie de nous ramener au plus pur fétichisme en même temps qu'au plus dangereux fanatisme ? Les ligueurs et les massacreurs des âges de foi n'auront certes bientôt plus rien à nous envier et les bons nègres du Congo peuvent venir nous emprunter nos gris-gris, — nous en avons à revendre.

Il faut faire, me direz-vous, la pacification religieuse : le pape est de nos amis : nos évêques ont salué le Président de la république à son passage, le clergé chante le : *Domine salvam fac rempublicam*, et c'est là la paix ; mais pendant que nous luttions au 16 mai, où était ce clergé ? Mais quand nous luttions sous le coup d'état boulangeard ; où était-il encore ? N'avez-vous pas entendu vos évêques sonner la charge ? Ne voyez-vous pas toutes ces pantalonnades jésuitiques qu'on organise sous vos yeux ; ce centenaire du baptême de Clovis, ce congrès de Reims ? etc., et ces congrégations qui vous bravent ouvertement ? et tout ce clergé secondaire, ce clergé parasite qui grandit, qui complote sous la direction des jésuites, prépare-t-il la paix ?

Est-ce par amour de la paix, par tolérance que vous vous laissez ainsi braver ? Car on vous brave audacieusement, effrontément, vous ne pouvez le nier et nous vous le montrerons tout à l'heure, nous vous montrerons le complot que vous vous obstinez à ne pas voir.

Eh bien, permettez-moi de vous le dire, la tolérance en pareil cas est mauvaise conseillère, elle ne fait, ainsi que le disait Thiers, « qu'augmenter les difficultés sans les résoudre et elle finit par les rendre insurmontables » et c'est ce qui ne tardera pas à nous arriver.

Nous verrons, du reste, tout à l'heure, en

jetant un rapide coup-d'œil sur le développement du jésuitisme en France, à quoi a bien
pu aboutir la tolérance de Henri IV et la politique du : Paris vaut bien une messe.» Politique immorale et désastreuse de tous points.

Henri IV, comme vous, devint l'ami des
papes, prit un jésuite pour confesseur, pensant tout au moins avoir la vie sauve, et vous
savez ce qui en advint.

La monarchie légitimiste, la monarchie
restaurée ramena les jésuites et voulut, elle
aussi, sauver la religion. Qu'est-elle devenue ?
Quand Charles X se décida à expulser ses
amis les jésuites pour sauver sa couronne et
ses ministres, il était trop tard. Et enfin, j'y
reviens, ces bons jésuites, qu'ont-ils fait de
la liberté ? qu'ont-ils fait de la morale et de
la religion ? je pourrais même dire qu'ont-ils
fait du clergé? morale, religion, clergé, ils
ont tout avili, et c'est ce que vous appelez la
paix religieuse.

Eh bien non, ce n'est pas la paix, c'est, ou
l'avilissement de la nation ou la guerre civile
en permanence. En refusant d'exécuter les
lois contre les congrégations, en prenant
votre mot d'ordre à Rome, en croyant conquérir la paix au prix d'une messe, vous pré-
parez un avenir prochain de difficultés insurmontables, vous laissez organiser la main
mise sur nos institutions et la révolte à bref
délai.

Pendant que nous hésitons, comme si nous
n'avions pas déjà affronté l'ennemi dans plus
d'un combat, le jésuitisme continue audacieusement sa marche envahissante; il s'empare,
une à une, de toutes les situations impor-

tantes, il multiplie ses établissements dits religieux, ses foyers d'obscurantisme et de superstition, ses maisons *d'enseignement*; il va de l'avant, bat de la grosse caisse, organise, quasi sous notre protection, ses complots et ses comptoirs et, nous le montrerons tout à l'heure d'une façon indiscutable, il nous enlace de toutes parts, ses clairons sonnent l'attaque, ses milices descendent dans la rue, et nous les laissons béatement faire.

Non contents de conserver précieusement chez nous cette engeance, au mépris de nos lois, au mépris de ceux qui ont préparé notre berceau, nous la couvons pour ainsi dire, nous en conservons précieusement la graine, sans doute pour en replanter chez nos voisins, nous lui confions le soin d'instruire nos femmes et nos enfants, nous lui portons l'argent de nos ménages. Saint-Antoine de Padoue, il est vrai, ne manquera pas de nous le rendre, en grâces papalines, en monnaie du St-Siège. Vous savez ce qu'en vaut le boisseau.

Et bien, nous le répétons en toute sincérité, en toute tristesse, agir ainsi c'est faire preuve, non pas seulement de pusillanimité, mais de la plus dangereuse imprévoyance ; c'est se préparer une contre-révolution suivie fatalement d'une révolution que vous aurez rendue d'autant plus terrible, que vous aurez essayé d'en enrayer plus fortement le cours au lieu de le faciliter, de le rendre fécondant en lui donnant l'écoulement nécessaire, en enlevant l'obstacle qu'il brisera fatalement et vous avec.

Écoutez encore Dupin à ce sujet :

« Après le jésuite, arrive le dominicain,
« après le prosélytisme, l'inquisition.

« Comment voulez-vous qu'ils ne cherchent
« pas encore aujourd'hui, à agiter la Société.
« Ils reparaissent au milieu d'un ordre de
« choses qui consacre la liberté des cultes,
« et c'est à ce principe qu'ils ont déclaré la
« guerre. »

Et Thiers vous dit : « Si, après de tels
« faits, la loi reste muette, vous aurez plus
« fait que rapporter les lois et les édits
« royaux qui les poursuivent; vous aurez,
« en 1845, prononcé le rappel des jésuites ».
Mais aujourd'hui, n'avez-vous pas fait pire
que les rappeler ? Mais prenez-y garde :

« Si la lumière intellectuelle vacille, la
« foule exulte : les ruines d'un monde sont
« pour elle une joie délirante et peut-être,
« vous républicains de gouvernement qui ne
« voulez pas comprendre ce crime de ne pas
« appliquer une loi, peut-être subirez-vous le
« supplice de voir la foule en délire mener la
« pompe de vos funérailles. »

Emmanuel Vauchez.

N'est-ce pas là, du reste ce que cherchent
les jésuites qui, vous le savez bien, n'ont
qu'un but : nous faire renverser nos institutions par nous-mêmes ; faire garotter l'idée
moderne par les mains de nos enfants. Ne
vous crient-ils donc pas assez haut que ce
qu'ils veulent, c'est le règne *spirituel et temporel* de Jésus, dont ils se disent les compagnons !

Il est vrai, ce règne de Jésus, c'est leur

règne à eux, cet affreux règne du prêtre de l'Inquisition, ivre de tortures et de bûchers, sacrifiant le pouvoir civil sur ses autels sanglants, voilà ce qu'ils veulent ces compagnons de Jésus, voilà ce que veut cette meute de convertisseurs par les dragonnades, d'assoiffés du sang de tous ces hommes de foi qui priaient Jésus du plus profond de leur cœur.

Jésus était amour et humilité. Le jésuite, c'est la haine dans toute sa férocité, l'orgueil dans toute son effrayante stupidité.

Ceci dit, le danger que vous ne voulez pas voir, que vous n'apercevez pas, lancés que vous êtes sur une fausse piste, soigneusement établie pour vous dévoyer, nous allons essayer de le montrer de nouveau en rappelant sommairement l'histoire du jésuitisme en France, sa marche de renard pour s'emparer de l'enseignement de la jeunesse et de toutes les places fortes qui pouvaient lui donner ce *pouvoir indirect*, objet de tous ses rêves, ce pouvoir qu'il eut tout particulièrement sous Louis XIV et dont il fit un si cruel usage, ce pouvoir qu'il eut sous la Restauration et on sait comment il s'en servit, ce pouvoir qu'il eut sous le dernier Empire, qu'il eut encore de nos jours avec Mac-Mahon et qu'il tente de reconquérir aujourd'hui sur vous. Nous montrerons le complot incessant de ces dangereux adversaires qui cherchent à amonceler contre nous tous les débris du passé pour nous écraser sous leurs poids. Puissions-nous faire assez de lumière pour vous éclairer.

« Ce que l'on peut dire avec vérité, l'his-
« toire à la main, disait Hébert en 1845 à la

« Chambre des députés, lors de l'interpella-
« tion de Thiers sur l'application des lois du
« royaume contre les congrégations, et ce que
« je vais essayer de redire, c'est que, tou-
« jours et partout, dans tous les temps et dans
« tous les pays, l'ordre des jésuites a été en
« guerre avec tout le monde.

« Nés pour la lutte et luttant toujours ils
« se sont montrés les adversaires de toute
« faculté d'examen et de discussion, de toute
« tolérance et de *toute liberté religieuse*.

« Toutes les fois qu'ils ont acquis quelque
« force, ils sont devenus aussitôt *les oppres-*
seurs de la puissance publique quand elle
« *voulait bien obéir à leurs exigences, et ses*
« *ennemis secrets ou déclarés toutes les fois*
« *qu'elle ne se soumettait pas à leur domi-*
« *nation exclusive.*

« « Pas plus qu'autrefois, la présence des
« jésuites en France n'est compatible avec
« le respect de nos institutions, ni avec le
« maintien de la paix dans les esprits.

« Cet ordre est l'adversaire dangereux,
« permanent des révolutions auxquelles notre
« temps doit ses libertés. »

Hébert, 1845.

Ces libertés, allez-vous les lui livrer ?

CHAPITRE II

Ignace de Loyola. — Sa milice. — La venue des
jésuites en France. — Admirable lutte de l'Université contre eux. — L'avocat Pasquier. — Ses
avertissements.

L'histoire de la horde de sectaires qui s'est
si tristement fait connaître dans le monde entier sous le nom de « société de Jésus »,
qu'elle a sans doute pris en souvenir des deux
larrons entre lesquels le doux homme de paix
fut crucifié, a été faite assez de fois pour que
je n'aie pas à la refaire, tel du reste n'est pas
mon but : je reste même disposé à jeter le
voile de l'oubli sur d'innombrables forfaits,
trop connus de tous, qui ont marqué son
passage en lettres de sang partout où ils ont
pu pénétrer, mais ce que je ne puis taire et
ce que je tiens à redire, c'est ce crime qui
atteint l'humanité toute entière, ce viol de la
conscience humaine, sa perversion par des
forcenés qui, chassés, honnis, mis hors la
loi partout, ont aujourd'hui encore, comme de
« véritables chevaux de retour » l'audace de
se présenter chez nous en sauveurs du monde
en sauveurs de la religion, — eux des sauveurs ! des souteneurs, tout au plus — arra-
chons donc encore une fois le masque religieux dont se recouvrent ces sans foi, ni loi

qu'on laisse impunément exercer leur infâme
métier chez nous et dont on semble même
accueillir les services empoisonnés avec une
faveur quasi insultante pour leurs victimes,
montrons qu'ils ont été marqués à jamais par
nos pères du signe d'infamie qu'on imprimait
sur l'épaule des forçats, — et, en parlant ainsi,
je reste plus que modéré. — Ecoutons, du reste
un instant les cris vengeurs qui depuis près
de quatre siècles ne cessent de nous jeter
tous les hommes qui ont eu le plus à cœur l'a-
mour de la patrie et de la religion et nous
verrons si je ne dis vrai, ce cri, il faudra bien
que vous l'entendiez, vous qui vous faites
aujourd'hui les protecteurs de ceux que toutes nos lois ont condamnés.

Le fondateur de ce « chef d'œuvre des institutions divines » comme ils se disent, ce qui
ne fait guère honneur à leur dieu et ne prouve
pas leur modestie fut, comme on le sait, un
Espagnol toqué — fanatisé par de « pieuses »
lectures, Don Inigo de Loyola — l'Eglise catholique en a fait un saint, un de ces personnages qu'elle se plaît à inscrire sur son ca-
lendrier d'honneur ; c'était son droit et nous
ne lui en ferons pas un reproche, mais quand
elle entend mettre Jeanne d'Arc à coté de lui
la victime dans les bras de son bourreau,
c'est une fantaisie que nous ne lui passerons
pas.

Ignace, saint ou non, peu nous importe au
reste, rendons lui cette justice, ne fut pas le
premier pélerin venu, et, si jamais il a eu
conscience de la perversité de son œuvre et
des maux qu'elle allait causer, il peut se ré-
jouir, car il a réussi de tous points. Il a dû

posséder, à coup sur, au plus haut degré, cette folie de la combativité, cette inconscience orgueilleuse de l'esprit de destruction qui distingue certains de ces fléaux du genre humain qu'on décore du titre de grands conquérants et qu'on dit chargés d'une mission providentielle, il en diffère pourtant en un point essentiel, ce qu'un Attila faisait à force ouverte, en homme sauvage si on veut, mais en homme au moins qui regarde en face, Ignace et les siens l'ont fait en hyènes, en renards, lâchement, sournoisement, les yeux baissés, ce qui me fait dire que ce patron là a dû gagner le ciel, non pas en s'y envolant mais par un terrier. Quant à voir du Jésus là-dedans, c'est autre chose, Jésus et Ignace dont on ose accoupler les deux noms sont aux antipodes l'un de l'autre : aussi, ne suis-je point surpris que certaines feuilles à la dévotion de la compagnie de Loyola prennent pour signe Jésns crucifié, c'est un hommage rendu au supplice qu'elles lui font subir chaque jour. Ignace, pour en terminer, fut ainsi que je l'ai vu écrit dans une sainte feuille, un géant, un homme providentiel, un Mahomet si on veut, mais un Mahomet à rebours, un Mahomet de sacristie ou de barrière, comme on voudra, un brigand providentiel.

N'ayant pu trouver créance en Espagne ou il fut mis en prison par le St-Office, Ignace vint à Paris pour y demander à notre université le savoir dont il espérait doubler son fanatisme, il s'y lia avec d'autres fanatiques de son espèce — c'est là chose commune. — Le 15 août 1594, date à retenir, tous ensemble, ces nouveaux illuminés gravissent la colline de

Montmartre pour y faire vœu, dans une chapelle dédiée à « la mère de Dieu » de s'unir pour la défense de la religion du Christ contre les hérétiques ; c'est donc chez nous que cette secte est née, qu'elle a été pondue par Ignace, comme par un de ces oiseaux parasites dont on a donné le nom aux maris infortunés qui ont laissé souiller leur nid. Depuis lors, ces intrus n'ont cessé de vivre à nos dépens et prétendent même nous soumettre à leurs lois — ils ont trouvé le nid bon — cette origine plus que suspecte, cette invasion de notre nid par une engeance étrangère à nos aspirations et à notre race nous donne donc tous les droits et nous fait un suprême devoir d'honneur de la jeter bien vite à la porte, sa présence reste comme une marque d'opprobre chez nous.

Ainsi n'en ont pas jugé certaines gens qui, sans doute, ont des raisons particulières pour aimer ces oiseaux de passage, car c'est à ce souvenir du 15 août 1534 que nous devons la construction de la fameuse basilique de Montmartre et la vocation solennelle de la France, en 1873, sous la République, à ce « vocable » (ce fut le mot dont on se servit alors), qu'on décore du nom de cœur de Jésus ; n'est-ce pas là un des plus audacieux défis que jamais esprit de réaction ait jeté au bon sens et à notre honneur ? Quand le relèverons-nous ?

De France, Ignace se rendit à Venise ou il apprit, d'un futur pape, Caraffa, alors général des Théatins, qui voulait l'enregimenter dans son ordre, l'art de gouverner les hommes à l'italienne, à la Machiavel. Ayant achevé

de rédiger les constitutions de son ordre et
« les *exercices spirituels* » auxquels ses membres devaient être soumis, il se rendit à Rome
pour faire approuver par le Pape l'institution de la société qui a si vilainement souillé
le nom de Jésus.

L'heure était des plus propices, du reste,
la papauté voyait son trône s'écrouler et ses
conquêtes s'égrener une à une, l'esprit de
libre examen venait d'envahir le monde chrétien et les bûchers restaient impuissants à
en arrêter le développement — c'est d'un couvent, on le sait, que le mouvement venait de
partir. — Un moine ne s'était-il pas avisé de
prêcher que la vente des indulgences qui
« tiraient les âmes du purgatoire » n'était
qu'un honteux trafic de la religion, trafic qui,
il faut le dire, est plus prospère aujourd'hui
que jamais ; que le purgatoire lui-même n'é-
tait qu'une de ces lucratives inventions sa-
cerdotales destinées à faire vivre des gens qui
se roulaient dans les plus crapuleuses débauches, que la communion catholique n'était
qu'une fumisterie abominable et que c'était
se moquer outrageusement de Dieu que d'oser
prétendre qu'un homme avait le pouvoir de
l'emprisonner, de le faire manger et digérer
dans un morceau de pâte ; que la cour de
Rome n'était qu'une succursale de Sodome,
qu'un bazar de marchands fripiers et que
Jésus n'était pour rien dans tout cela.

Et voilà que la voix du moine avait été
entendue, qu'une partie des nations d'Europe
avait planté là le Pape et la curie romaine.
L'Angleterre, l'Allemagne, les Pays-Bas, les
Etats Scandinaves, une moitié presque de

la France étaient passés à la religion réformée, quelques jours encore et toute la chrétienté allait communier symboliquement sous les espèces du pain et du vin — exécrable hérésie qui menaçait de laisser le Pape seul avec sa mule et qui ne pouvait que s'étouffer dans le sang.

Paul III, créature du fameux Alexandre VI auquel il avait livré sa propre sœur en échange d'un chapeau de cardinal et qui n'avait rien à envier en crimes et en incestes à ses dignes prédécesseurs dont nous n'avons pas à retracer ici l'abominable histoire, occupait alors « le siège de St-Pierre » celui que Pierre n'a jamais occupé, veux-je dire, car je doute même que Pierre se soit jamais assis sur une simple chaise, Ignace et Paul III ne pouvaient manquer de se comprendre — l'Eglise est bonne fille et deux... défenseurs n'étaient pas de trop pour ses besoins, elle aurait donc un père putatif, le chef de la catholicité, le pape blanc et un beau-père, le général des jésuites le pape noir.

C'est le 25 septembre 1540 que le contrat d'union fut signé, les compagnons d'Ignace devenaient définitivement la société de Jésus et ajoutaient aux vœux ordinaires des moines le quatrième vœu, celui d'obéissance jusqu'à la mort inclusivement au père de l'église, au pape blanc. — La papauté avait ses souteneurs, le mot n'est que juste. — Le jésuite fit bien le vœu, en effet, d'obéir au Pape, d'aller partout ou il lui plairait de l'envoyer, d'exécuter ses ordres sans balancer, quels qu'ils fussent, d'être le serviteur le plus humble du serviteur de Dieu, à une condition pourtant, c'est d'en être obéi tout d'abord, — il ferait beau voir vraiment celui qu'ils ont fait infaillible, vouloir être infaillible contre eux — ils règnent et le pape ne sera que la draperie derrière laquelle ils s'abriteront pour mieux jouir de leur pouvoir ; c'est donc au nom du pape, pour le salut de l'église, pour la plus grande gloire de Dieu qu'ils vont se mettre en route pour pour fendre l'hérésie, et l'hérésie ce sera tout ce qui ne sera pas Rome tout ce qui voudra échapper au joug de Rome, à l'immobilisme catholique, tout ce qui ne sera pas, en un mot, pour la caisse papale.

La mission du jésuite est donc, et il faut le dire à haute voix, une mission anti religieuse, puisqu'elle est dirigée contre la religion d'autrui et absolument anti-humanitaire, absolument immorale dans son but et dans ses moyens : arrêter, avons-nous dit, la marche du progrès humain, éteindre le flambeau divin de la conscience et de la raison qui éclaire tout homme venant en ce monde, caler la terre pour ainsi dire, afin de l'immobiliser, soumettre le monde « au vicaire de Dieu sur terre », forcer tout le monde à s'agenouiller devant ses idoles, voilà la mission providentielle du jésuite et, pour la remplir, tout lui sera saint, tout lui sera permis : « La fin justifie les moyens. » Voilà sa devise et elle dit tout et suffit à tout.

Avons-nous besoin de faire remarquer tout ce qu'a, à la fois de grotesque, de hideux cette étrange et dangereuse folie qu'on laisse aujourd'hui renaitre de ses cendres.

Ignace, et j'y reviens, a, dans les *constitutions* qu'il a données à son ordre, dans « les exercices spirituels », qui serviront de règle à ses disciples, admirablement tout préparé, tout prévu pour que cette folie atteigne son plus haut degré de développement dans l'esprit de sa société. Il ne fera pas de ses fils des moines indolents, des chanteurs de matines, mais des gens de guerre disciplinés jusqu'à la mort, souples comme des cadavres, des diplomates avisés prêts à toutes les intrigues, habitués à toutes les ruses, que nuls scrupules n'arrêteront; ce n'est donc pas chez le jésuite qu'il faudra venir chercher la franchise, la droiture, la loyauté et encore moins l'amour du prochain. Il n'en a cure et sa mission n'a rien de commun avec celle des apôtres. Il lui faut la guerre, le combat, la ruse, toutes les ressources de la duplicité la plus éhontée pour en arriver à ses fins. Rien de commun donc avec les apôtres qui n'y voyaient pas plus loin que le bout de leur nez et qui n'eurent *ni constitutions, ni exercices spirituels.*

Ignace leur ayant distribué leurs rôles, les lance à la conquête du monde qu'ils partagent en provinces à leur usage.

Nous les suivrons seulement en France où Ignace a envoyé ses plus habiles séides.

Ils n'y vinrent pas tout d'abord avec cette robe à agrafe destinée à agrafer les héritages, si célèbre depuis et qui leur valut le nom de fibulaires, de crampons, ils s'introduisirent chez nous, en se faisant tout petits, comme simples étudiants venant demander la science à notre université; ils iront renardant, épiant, munis des lettres de recommandation de Rome pour les gens de cour, pour tous ceux qui pourront les aider à se glisser près des puissants. Ils veulent avoir les grands d'abord. Ce n'est pas ainsi que parait avoir procédé l'humble Jésus.

Un évêque, Guillaume Duprat qui a pu les voir à l'œuvre lors du fameux concile de Trente, se faisant livrer, par amour des autographes sans-doute, les résidus de la chaire percée du roi d'Espagne, je veux dire les papiers qui accompagnaient ces produits, les introduit dans son diocèse à Billom, à Mauriac et leur lègue par testament son hôtel de Paris et nombre de milliers de livres de rentes à la charge d'élever six pauvres écoliers de l'université.

Mais la société de Jésus n'étant pas reconnue en France, il lui faut des lettres patentes du roi pour y parvenir. De là, un long procès avec l'université qui n'entend pas admettre ces intrus au droit d'enseigner. Rien qu'à la mine et à leurs premières manœuvres elle les a jugés.

A force d'intrigues, grâce à l'appui du cardinal de Lorraine, cette créature de Diane de Poitiers, maîtresse de Henri II, et en promettant leur dévouement à cette maison de Guise qui s'est posée en adversaire implacable du protestantisme, pensant trouver là un moyen de donner issue à son ambition, ils obtiennent enfin les lettres patentes (Janvier 1551), qui leur permettent d'édifier UN collège dans la ville de Paris, pour y vivre selon leurs règles et statuts, mais nulle part ailleurs.

Dès lors, ils ont un pied dans la maison, ils voudront bientôt l'avoir toute à eux.

Le parlement se refuse à enregistrer les lettres du roi et demande que, tout au moins, celles-ci soient préalablement examinées par l'évêque de Paris et par la faculté de Théologie.

L'évêque de Paris, Eustache du Bellay qui a flairé son jésuite, répond que les priviléges qu'on leur accorde « *sont contraires à l'autorité des évêques, des curés et des universités* et que si ils veulent prêcher les Turcs, ils aillent donc s'établir sur les frontières de la Turquie.

La faculté de théologie, je dis bien la faculté de théologie qui a mission de sauvegarder en France les principes de la religion, déclare par décret du 1er décembre 1554 que je livre aux méditations de notre clergé, de nos dévotes et de nos gouvernants que : « cette société lui paraît EXTRÊMEMENT DANGEREUSE *en ce qui concerne la foi*, qu'elle est ENNEMIE *de la paix de l'église*, funeste à l'état monastique et semblait *plutôt née pour la ruine que pour l'édification.* »

Qui plus est, l'évêque de Paris leur interdit *toutes fonctions ecclésiastiques.*

Viendra-t-on nous accuser maintenant de calomnier les jésuites quand nous disons qu'ils sont les ennemis de la paix et de la religion.

Voici donc les Ignaciens condamnés par notre faculté catholique et par l'évêque du premier siège de France : ce serait mal les connaître que de penser qu'ils vont se tenir pour battus. Ils se taisent et attendent leur heure. Elle ne tarde pas à arriver. Henri II vient de mourir, François II, l'époux de

Marie Stuart, la nièce de leurs protecteurs les Guise qui rèvent le pouvoir, monte sur le trône et ils n'ont pas de peine à obtenir de nouvelles lettres pour « enseigner à Paris et *aussi parmi les bonnes villes de France* » et de deux. Le procès recommence : l'Evêque de Paris qui s'est adjoint *tous les curés de Paris*, déclare que les bulles pontificales qui ont pu autoriser l'établissement des jésuites en France sont incompatibles avec les *libertés de l'église Gallicane*. (Il y avait encore en France, à cette époque, une église Gallicane et des prêtres français avant d'être romains. Où sont-ils aujourd'hui ?)

L'université de France, de son coté, toutes facultés réunies, rejette le nouvel institut « qui n'est propre *qu'à en imposer à un grand nombre de personnes et principalement aux simples*. (Août 1560). On ne pouvait mieux dire.

Pendant que les débats se prolongent, François II meurt, Charles IX le remplace, il n'a que dix ans, Catherine de Médicis et les Guise vont gouverner à sa place. Ils sont les amis des jésuites qui en profitent pour avancer leurs affaires.

A force de ruses, en promettant de quitter le nom de société de Jésus et des jésuites, de se conformer au droit commun, etc., ils finissent par obtenir d'un recteur de l'université, mais sans l'assentiment de la compagnie, des lettres de scolarité, 1565. Et les voila qui, à petit bruit d'abord, puis avec une sorte d'ostentation, dès qu'ils se sentent forts, qui ouvrent le fameux collège de Clermont, avec l'enseigne : « Collegium claro-

montanum *societatis Jesu* », malgré la promesse qu'ils venaient de faire de renoncer à
ce nom.

L'université leur enjoint de fermer cet établissement et, le 14 janvier 1565 elle les cite
tout d'abord à comparaître pour déclarer ce
qu'ils sont. On connait leur fameuse réponse :
« *Sumus tales quales* » nous sommes tels
quels, réponse qui est restée en proverbe.

Dès lors la lutte est engagée avec l'université et nous ne pouvons pas dire qu'elle soit
encore terminée aujourd'hui.

On nous pardonnera de nous être étendu un
peu longuement sur les débuts de ces procès
dans lequel on verra d'un coté les jésuites s'a-
charnant, contre tous droits, à mettre la main
sur notre enseignement universitaire et par là
sur notre jeunesse à laquelle elle veut incul-
quer ses maximes ; et, de l'autre, l'université
défendant sans faiblir notre enseignement
laïque, nos traditions contre ces intrus,
contre ces étrangers, séides de l'obscurantisme qui veulent absolument s'imposer à
nous.

Six avocats des plus renommés, consultés
par l'université, Dechappe, Canaye, Robert,
du Mesnil, du Vair, e de Thou, pour donner
leur avis sur la question de savoir s'il fallait
permettre l'établissement du collège des jésuites, répondent à l'unanimité :

« Qu'il fallait non-seulement, non incor-
porer les jésuites, mais bien les chasser et
les exterminer totalement de cette France. »

Ces avocats étaient bons catholiques et
non francs-maçons.

L'avocat Pasquier dont le nom devrait être

gravé en lettres d'or sur les murs de tous nos établissements universitaires, et dans le cabinet de nos ministres de l'instruction publique, et que l'université choisit alors pour présenter sa défense, prononce à cet effet, le 25 mars 1565, un discours vibrant de patriotisme qui, à trois siècles de distance, comme le dit si bien M. le président Douarche, un de nos plus éminents magistrats, auteur d'un très remarquable ouvrage sur l'université de Paris et les jésuites auquel je ferai plus d'un emprunt, reste, encore aujourd'hui, comme l'expression la plus noble, la plus élevée de principes qui sont le thème de nos controverses politiques actuelles. Pour moi, j'y trouve le plus prophétique avertissement qu'on ait jamais pu donner des malheurs qui nous sont advenus pour « *n'avoir pas chassé et exterminé de France* à tout jamais *les jésuites* » ainsi que le recommandaient les avocats consultants. Ce discours serait tout entier à reproduire, mais je ne puis, à mon grand regret, qu'en donner une rapide analyse.

Pasquier après avoir montré que l'enseignement des jésuites est destiné à pervertir l'âme des enfants par de funestes doctrines, trace ensuite de main de maître la démarcation bien nette qui doit séparer l'enseignement laïque devant être donné *à tous ceux* qui ont à prendre part aux affaires publiques et, par cela même, réservé absolument aux seuls laïques, aux séculiers, à l'université qui seule a titre pour cela, alors que l'enseignement religieux *qui ne concerne que ceux qui se destinent aux fonctions*

religieuses, reste en dehors et aux religieux ; puis il s'exprime ainsi, sur le compte de l'enseignement des jésuites. « Ne considérez-
« vous point, dit-il, combien il importe que
« vos enfants ne soient pas nourris avec eux,
« on leur lit quelques livres d'humanités et
« de philosophie, et on leur enseigne parmi
« cela les propositions contraires à l'ordre
« hiérarchique *tant de notre religion que de*
« *l'état. On en fait une pépinière pour être*
« *ennemie du roi* (et le roi c'est alors le pou-
« voir civil) quand l'occasion s'en présentera.
« Les premières opinions que l'on sème dans
« le cœur des jeunes gens leur plaisent du com-
« mencement et en après prennent de longues
« racines en eux. Introduisez chez nous ces
« porteurs de rogations et vous y introduisez
« chaos, désordre et confusion.

Au point de vue du mal qu'ils font à la religion, il n'est pas moins explicite.

« Je suis fils de l'église romaine, dit-il, je
« veux vivre et mourir en sa foy. Ce néan-
« moins, *je soutiens qu'Ignace n'a pas été*
« *moins perturbateur de notre religion que*
« *Luther*. J'ajouterai que *sa secte est plus à*
« *craindre que l'autre. Nos Ignaciens faisant*
« *contenance de soutenir l'église de Dieu la*
« *ruinent et ruineront de fond en comble au*
« *long aller* ». Ils y ont déjà plus que réussi. Le catholicisme succombe sous les coups qu'ils lui ont porté.

Pasquier nous donne ensuite, au point de vue de la morale, un bien curieux portrait de ces moines « mendiants » qui « portent, dit-il,
« une agrafe à leurs robes pour mieux agra-
« fer nos biens » portrait qui restera éternel-

lement vrai, mendiants qui roulent carosse
et qui sont l'ordre le plus riche de l'univers.
Mais c'est au point de vue de la sécurité
de l'État qu'il faut surtout l'entendre. « Que
« veut dire ce vœu supernuméraire? (Le
« 4me vœu d'obéissance au Pape ajouté aux
« 3 vœux de pauvreté, de chasteté et d'obé-
« dience à leurs supérieurs des autres ordres
« religieux) » Ne sommes-nous donc pas vrais
« enfants de l'église, si nous ne sommes de ce
« vœu? Sous une même église, nous verrons
« une guerre civile entre le papiste qui sera
« jésuite et le vrai catholique français. »

« Anciennement Charlemagne, par loi ex-
presse, défendit à ses sujets de se faire
moines sans sa permission. Que dirait-il
maintenant s'il revenait en ce bas monde,
quand il verrait au milieu de son royaume
*des hommes soudoyés aux despens de la
France pour s'armer contre-lui et les siens.*
Je ne parle point seulement pour la France,
je parle pour tous les autres royaumes.
Introduisez-y ces messieurs, vous y établissez
autant d'ennemis, si le malheur veut que le
Pape les veuille guerroyer (c'est-à-dire les
faire partir en guerre). *Je ne veux rien mal
présager du St-Siège; mais en matière d'État,
il faut, pour être en assurance de tout,
craindre tout* », maxime que je livre à ceux
qui vont prendre le mot d'ordre près du
Pape.

Mais je m'arrête à cette si émouvante péro-
raison qui suffit à justifier tout ce que j'écris.
« Nous appelons par conclusion de notre
plaidoyer Dieu à témoin *et protestons devant
tout le monde que nous n'avons pas failli à*

notre devoir, afin que si toutes choses prennent une autre tournure, la postérité connaisse que ce siècle n'a pas été dépourvu d'hommes qui, de longue main ont prévu LA TEMPÊTE FUTURE. » Ainsi dirons-nous.

Voilà le langage que tenait un catholique, il y a trois siècles. On fut sourd à sa voix et on sait quelle effroyable tempête s'ensuivit. Sommes-nous en meilleure passe aujourd'hui et le mal n'est-il pas encore assez grand pour que nous laissions le jésuitisme continuer son œuvre néfaste sous la couleur de pacification religieuse et politique ? Eh bien nous allons voir quel profit en ont retiré, et la France et les rois.

CHAPITRE III

La tempête. — Les égorgements religieux. — Les
  profits de la politique de pactisation avec Rome.

Pasquier n'avait que trop bien prédit la
tempête que l'intrusion des Jésuites n'allait
pas tarder à déchaîner sur nous. Pendant
que le parlement hésite, les boute-feu s'em-
pressent de « travailler » à raviver le brandon
des plus sauvages passions religieuses, de
celles qui font de l'assassinat une œuvre
sainte, une de ces œuvres méritoires aux
yeux du dieu de colère des fils de Loyola.

C'est le 25 aout 1572 que l'orage éclate dans
toute sa plus horrible fureur. Le jour de la
Saint-Barthélemy des milliers de chrétiens
sont lâchement égorgés par des chrétiens,
des milliers de Français sont massacrés par
des Français, un roi tire sur ses sujets comme
sur de simples lapins.

Mais ce qu'il y a de plus vraiment exécrable dans tout cela, ce n'est pas peut-être le
crime en lui-même, ce n'est pas même l'affreux fanatisme qui le fit commettre, mais
c'est la glorification de ce crime par des gens
qui se disent les compagnons de l'homme de
paix dont l'amour a fait un Dieu, c'est sa sanc-
tification par leur chef, par le chef du catholicisme, par celui qui se dit le représentant sur

terre du dieu de bonté qui donne la pature aux petits des oiseaux.— Non seulement, en effet, on célébra des messes d'actions de grâces en l'honneur de cette glorieuse boucherie, de cet infâme attentat, veux-je dire, mais le Pape reçut joyeusement en cadeau la tête de l'amiral de Coligny que lui envoyait dévotement Catherine de Médicis — qui plus est, le pape fit peindre et exposer au Vatican, à la vénération des fidèles, un tableau représentant le glorieux massacre des « héritiques » et, pour qu'on en comprit bien le sens, il y fit placer cette affreuse inscription qui condamne à jamais les Papes et les fauteurs de tous ces crimes :

Pontifix Colignii necem probat

Le Saint Pontife approuve la mise à mort de Coligny, c'est-à-dire le massacre de la St-Barthélemy. Ce n'est pas tout, on fit frapper à Rome de glorieuses médailles qu'on suspendit au cou des enfants des bons catholiques pour leur rappeler à jamais le souvenir de ce forfait si agréable au vicaire de dieu et à la société de Jésus. N'oublions pas que le duc de Guise, le chef du parti catholique, le directeur du massacre, l'ami et le protecteur des jésuites, essuya lui-même, dit le père Loriquet qui ne peut mentir en pareil cas, le sang qui couvrait le visage de Coligny pour le mieux reconnaitre et s'assurer que sa victime ne lui avait pas échappé, après quoi, il fit pendre le cadavre au gibet, la tête en bas puis on le décapita.

Heureux temps de foi auxquels on veut nous ramener, règne du Christ, nous dit-on, auquel il faut s'empresser de revenir ! allons braves gens, ouvrez vos portes aux jésuites et allez baiser la mule du Pape pour qu'on égorge encore quelques milliers de Français.

Mais ce n'est rien encore, à Charles IX, le franc-tireur, a succédé Henri III qui, malgré ses dévotions ne parvient pas à calmer les défiances des bons catholiques, la tempête continue à faire rage et les intrigues des jésuites à attiser le feu. La fameuse Sainte-Ligue, la sainte union s'organise, l'or du roi d'Espagne coule à pleins bords dans la bourse des chevaliers de Marie qui, tous se sont enrolés sous la sainte bannière des ligueurs et dont les fougueuses prédications excitent plus que jamais à toutes les tueries « ce ne fut pas alors tant une guerre civile qu'un coupe-gorge par toute la France » a dit un historien. Henri III qui a fait alliance avec Henri de Navarre, l'héritier légitime du trône tombe sous le poignard de Jacques Clément que le père Commolet s'empresse de mettre au rang des anges : toute la doctrine des jésuites est là. Partout ces forcenés souflent le feu de la sédition ; ils jettent le froc aux orties, prennent les armes et ce sont eux qui, se trouvant de faction à une des portes de Paris, lors de la surprise qu'essaya de tenter Henri IV le 10 septembre 1590, firent échouer ses projets ; c'est en vain qu'Henri IV abjure, un fou furieux Barrière auquel le curé Aubry et le père Varade, recteur des jésuites ont donné absolution et communion avec promesse du paradis et de la félicité éternelle pour bien l'affermir dans le projet de résolution d'assassiner Henri IV, manque son coup, mais ce ne sera que partie remise. C'est alors que l'université s'assemble de nouveau, le 18 avril 1594, pour réclamer du parlement, par la voix de son recteur, Jacques d'Ambroise, qu'il lui plaise d'ordonner : « *que la secte des jésuites sera exterminée, non seulement de la dite uaiversitè, mais aussi de tout le royaume de France.* » Ce n'est pas nous, c'est l'université de France et Jacques d'Amboise, son recteur qui parlent ainsi.

Un nouveau procès s'engage, Antoine Arnaud, royaliste passionné, plaide pour l'université, écoutons le parler un instant. Après avoir montré l'or de l'Espagne qui coule en abondance dans la bourse des jésuites qui excitent toutes les séditions, il rappelle leur venue chez nous, « non à ensei-
« gnes déployées car ils eussent été aussitôt
« étouffés que nés, mais par petites cham-
« brettes où, ayant longtemps renardé et
« espié, ils ont eu des adresses de Rome à
« ceux qui étaient grands et favorisés en
« France, sortes de gens toujours fort à crain-
« dre dans les affaires du royaume.

« Ils ne voulaient que cette entrée, sûrs que
« petit à petit, ils feraient un si grand nom-
« bre d'ames jésuites par leurs confessions,
« leurs sermons, leurs instructions de la jeu-
« nesse, qu'à la fin, non seulement ils au-
« raient tout ce qu'ils désiraient, mais ruine-
« raient leurs adversaires et commanderaient
« superbement l'Etat. »

N'est-ce pas la simpiternelle manœuvre que recommençent aujourd'hui comme hier, les jésuites et à laquelle on ne cesse de se laisser prendre ?

Il faut, ajoute Arnaud, que je confesse que la colère et la juste indignation me font sortir de moi de voir encore *ces traitres, ces scélérats, ces assassins, ces meurtriers des rois, ces confesseurs publics de parricide* sont encore entre nous ; *ils sont dans les palais, ils sont caressés, ils sont soutenus, ils font des ligues, des factions, des alliances et des associations nouvelles.*

Je pourrais m'arrêter sur ces paroles auxquelles je ne vois pas grand chose à retrancher ni à ajouter aujourd'hui, mais il est bon de rappeler jusqu'au bout les avertissements que nos pères n'ont cessé de nous donner et les maux que nous avons éprouvés pour y être restés sourds, il est bon qu'on sache que ce n'est pas nous qui mangeons du jésuite mais que c'est le jésuite qui n'a jamais cessé de nous manger, que l'excitation à tous les désordres, à tous les crimes vient d'eux, que ce sont eux les inventeurs de la sauvage polémique et du langage à la père Duchêne qui déshonore la chaire et la presse.

Parlant de leur vœu de pauvreté qui ne les empêche pas de prendre tous les héritages qui peuvent leur tomber sous la main, « rien n'en sort, dit-il, tout y entre, et sans « testaments et par les testaments qu'ils « captent chaque jour mettant d'un côté « l'effroi de l'enfer et de l'autre propo- « sant le paradis ouvert à ceux qui donnent « à la société de Jésus ; tous ceux qui ont reçu une fois cette pestilentielle et vénéneuse « instructton des jésuites ont une soif conti- « nuelle de troubler les affaires du pays.

« Sire, dit-il, s'adressant à Henri IV, c'est

« trop endurer *ces traitres, ces assassins* au
« milieu de votre royaume, vous avez à faire
« à un ennemi patient, opiniâtre qui ne quit-
« tera jamais qu'avec la vie ses espérances
« et ses dessins sur votre Etat.

« Tous ses autres artifices ont failli, il ne
« lui reste. pour son dernier remède que de
« vous faire assassiner, » que disons-nous
autre chose.

L'affaire traîne une fois encore en longueur
et, le 27 décembre 1594, Jean Chatel, élève du
collège des jésuites, frappait Henri IV d'un
coup de poignard qui, il est vrai, ne fit que
lui fendre la lèvre supérieure.

Ce nouvel attentat était bien, la meilleure
preuve, comme le dit alors le président de
Thou dont nous livrons les paroles à ces
grands sages qui attendent toujours que le
crime soit commis pour songer aux moyens
de le prévenir, « combien l'avis des gens de
bien était beaucoup plus sage que celui de
ceux qui opinèrent pour la surséance. »

On s'émut enfin, Chatel fut démembré à
quatre chevaux, le père Guignard, jésuite fut
pendu, « les prêtres et écoliers du collège de
Clermont et tous autres soi-disant de la dite
société, comme *corrupteurs de la jeunesse,
perturbateurs du repos public, ennemis du
roy* et de l'état devaient vider Paris et les
autres villes du royaume où ils avaient des
collèges sous trois jours, défense fut faite à
*tous les sujets du roy, d'envoyer des écoliers
aux collèges de la société* qui sont hors du
royaume sous peine d'être réputés criminels
de lése-majesté, etc.

Feu de paille que tout cela.

Les renards se coulèrent un instant dans leurs tanières, s'introduisirent chez les particuliers comme précepteurs, dans les villes comme maîtres de pensions et préparèrent leur galerie souterraine pour rentrer dans la place.

Leur exil, en effet, fut de courte durée. Henri IV, toujours sous l'influence de cette fausse doctrine de pacification qui lui avait fait dire ces deux mots dont on a si bien abusé depuis pour dissimuler des compromissions inavouables : « Paris vaut bien une messe », ne tarda pas à prononcer non seulement leur rappel, mais à se montrer pour eux d'une déplorable faiblesse dont ils ne tardèrent pas à user et à abuser avec une effrayante audace ; il prit, comme on le sait, pour confesseur, un jésuite de très célèbre mémoire, le père Cotton ; il y eut à cela plusieurs raisons, dont deux qu'il est bon de rappeler ici pour montrer de quels moyens les Jésuites se servent pour en arriver à leurs fins et à quoi aboutit la politique de faiblesse.

Comme on le sait, Henri avait eu besoin de négocier avec la cour de Rome, qui ne veut pas du divorce civil, mais qui a toujours boutique du cas de nullité de mariage pour ceux qui y mettent le prix, la rupture de son mariage avec la trop tendre Marguerite, de poétique mémoire.

Quand on apprit à Rome que Marie de Médicis, fille de François, duc de Florence, allait devenir la nouvelle femme de Henri, on lui fit rendre visite à une voyante, à une de ces inspirées comme la secte en a toujours à sa disposition pour ses grandes besognes —

celle-ci avait nom Magdeleine de Pazzi, elle avait été élevée par les Jésuites et placée par eux dans l'Ordre de Notre-Dame du Carmel, où elle faisait miracles à leur usage —.Marie de Médicis lui demanda d'intercéder pour elle pour avoir un Dauphin ; celle-ci prédit à la future reine que ses vœux seraient exaucés, mais à la condition qu'elle obtiendrait du roi le rappel des Jésuites, injustement chassés de France. La femme, voilà un de ces instruments dont les Jésuites ne se feront jamais faute d'user. La menace ensuite.

C'est, en effet, un fait avéré, historique, qu'ils trouvèrent moyen de *faire peur* à Henri IV en lui faisant représenter que la « *compagnie était très étendue, composée de toutes sortes de gens et d'esprits dont on ne pouvait répondre*, qu'il ne fallait point mettre au désespoir ; qu'un *mauvais coup* était bientôt fait et n'était pas sans exemple ».

« Cette considération fit rappeler les Jésuites et les fit combler de biens.»

Mémoires de Saint-Simon.

La faiblesse du roi ne les rendit, bien entendu, que plus arrogants et c'est alors que furent publiés les fameux traités d'Emmanuel Sa, de Bécan, de Mariana, dans lesquelles sont développées ces doctrines subversives de toute morale dont toutes les sectes anarchiques rouges ou noires ont pu faire leur profit. « Les rois qui ne sont pas d'accord avec Rome sont des tyrans qu'on peut et qu'on doit supprimer par tous les moyens possibles, etc.

De l'excitation à l'exécution il n'y a qu'un

pas, et il se trouve toujours un fanatique pour le franchir : le 16 mai 1610, Henri IV, dont Rome commençait à se méfier en raison de cet Edit de Nantes, si pacificateur, qui permettait enfin aux chrétiens protestants de pratiquer leur religion, et qui avait eu vent de l'alliance qu'il venait de contracter avec les princes protestants d'Allemagne contre la catholique Autriche, était supprimé par le couteau de Ravaillac, ce qui fit dire qu'il avait été assassiné à la Mariane, c'est-a-dire suivant les doctrines des Jésuites. Quoiqu'ils aient pu faire pour fausser l'histoire, si Ravaillac a fait le coup, ce sont eux qui lui tenaient la main.

Le Parlement qui ne s'était jamais mépris sur les dangers des doctrines qui avaient mis le poignard aux mains de Jacques Clément, de Barrière, de Chatel et qui venait d'armer Ravaillac, enjoignit à la Faculté de théologie de renouveler les condamnations qu'elle avait déjà prononcées contre les *erreurs* qui conduisent au régicide. Certains docteurs poussés par le nonce du Pape et les Jésuites, ayant voulu prétendre que le Parlement n'avait pas le droit de provoquer de semblables délibérations, Jacques Rose, le syndic de la Sorbonne, leur répondit ces fières et patriotiques paroles que je livre à la méditation de nos assemblées et de nos gouvernants :

« Avez-vous lu quelque part dans l'Evangile
« qu'il ne soit pas permis à une assemblée
« française de pourvoir au salut de l'Etat
« avant d'avoir pris l'avis du Pape ? »

Quand nous déciderons-nous enfin à écouter ce sage avis et à perdre cette fatale manie d'aller prendre conseil à la cour de Rome, comme si les intérêts des papes et leur constante doctrine n'étaient pas diamétralement en opposition avec toutes nos aspirations ? Comment conclier le pouvoir théocratique et le pouvoir civil, l'immobilisme et le mouvement ? Et puis. enfin, ne savons-nous pas, soit dit avec tout le respect dû à cette antiquaille, qu'elle n'est plus que friperie.

Je voudrais m'arrêter là, pensant avoir montré, et je n'ai parlé que de ce qui se passait en France, tout ce que nous avions à craindre des Jésuites et du Jésuitisme ; mais, je ne suis pas au tiers du chemin et il est nécessaire qu'avant d'arriver aux temps modernnes, je rappelle. au souvenir de ceux qui l'oublient trop volontairement, peut-être, cet autre effroyable crime, œuvre des seuls Jésuites, qui a nom la révocation de l'Edit de Nantes, crime dont nous ressentons encore aujourd'hui, de toutes façons, religieusement, socialement, politiquement, commercialement, industriellement, les désastreux effets et qui a eu sa terrible répercussion sur nos destinées en 1870.

Or, ce crime abominable, ce crime de lèse-nation, les Jésuites qui ne cherchent que notre ruine nous poussent de toutes leurs forces à le renouveler aajourd'hui, non seulement contre les protestants, mais contre les Juifs, mais contre tous les citoyens Français qui ont l'audace de vouloir défendre nos institutions républicaines et la liberté de conscience. Est-ce pour les aider à perpétrer ce dernier forfait que nous conservons ces intrus, ces étrangers qui nous demandent de chasser les nôtres de notre maison pour se mettre à leur place? Il est temps qu'on soit fixé à cet égard.

CHAPITRE IV

Le triomphe des jésuites sous la régence de Marie
de Médicis. — Les courageuses protestations de
l'université. — Un vœu pour la suppression de
l'enseignement congréganiste en 1614. — Louis
XIV. — La révocation de l'édit de Nantes. —
Ses conséquences.

L'assassinat de Henri IV laissait l'administration du royaume aux mains de Marie
de Médicis, celle-ci était trop italienne et
trop adonnée aux pratiques de la plus supers-
titieuse dévotion pour en pas se montrer
favorable aux jésuites. Dès lors commence
pour eux l'époque de leur plus haute faveur
et de leur plus grande prospérité ; ils vont
en profiter pour arriver à commettre ce crime
de lèse-nation devant lequel s'effacent tous
les autres et qui, non seulement justifie à
jamais leur expulsion, mais qui nous l'impose comme le plus grand de nos devoirs,
comme une œuvre de salubrité publique.

Avant d'y arriver, rappelons en passant
la vaillante résistance de l'université qui,
par la voix d'Edmond Richer, ce courageux
syndic que les jésuites poursuivront de leurs
haines les plus féroces et que le pape cher-
chera à se faire traitreusement livrer, qui, par
la voix, dis-je, des du Harlay, des Servin,

des La Martelière, des Hardivillier fera entendre les plus patriotiques protestations
pour repousser de son sein les empoisonneurs
que la royauté veut lui donner pour collabo-
rateurs et bientôt pour maîtres.

Dénonçant les dangers et la perversité de
leur enseignement, la Martelière prononce
ces paroles qui sont à retenir encore aujour-
d'hui : « Par la nourriture des enfants de
« Paris, dit-il, ils savent les secrets des mai-
« sons, gouvernent les cœurs et les volontés
« de ceux qui leur confient ce qu'ils ont de plus
« cher. Rétablis en France depuis six ans ils
« y possèdent plus de biens que dans toute la
« chrétienté... les agitations causées par leurs
« maximes ont bouleversé l'Europe, ils ont
« promis en 1593, de ne plus se mêler aux
« affaires d'Etat et c'est alors qu'ils ont le
« plus travaillé à embraser le monde.

« *Ce serait une étrange imprudence, voire*
« *un grand crime, à nous d'être toujours sur-*
« *pris et si souvent abusés de ceux qui portent*
« *deux cœurs dans leur poitrine.* » C'est sans
doute pour cela qu'ils ont inventé le fameux
culte des sacrés-cœurs.

Hardivillier en fait à son tour un portrait
encore tellement vrai à l'heure présente que
nous ne pouvons nous refuser à en citer
quelques traits.

« Les voici, les voilà en diverses postures
pirouettant avec leurs baise-mains, compli-
ments, accolades, trouvent le secret d'amu-
ser de leurs belles paroles emmiellées de
mignardises et des attraits pipeurs de la
papelardise, promettent merveilles et nous
font prendre les armes les uns contre les

autres, pourquoi tant de mines et de matoi-
series ? On sait bien qui vous êtes, on vous
connait.

« Si cependant, dit-il, s'adressant aux
membres du parlement, vous veniez à prendre le parti d'abandonner la vieille université à la cupidité des jésuites, déployez vos
robes, recevez les derniers soupirs de celle
qui vous a enfantés et alors ce qui suivra la
ruine et la chute de l'université annoncera
aux nations répandues dans tout l'univers
que ce n'est pas nous qui avons manqué à
la République, mais la République qui nous
à manqué.» Voudrez-vous donc, vous Républicains, que la République manque à ses défenseurs ? Livrerez-vous l'université à ces pipeurs de la religion ?

Mais passons, non pourtant sans rappeler
les cahiers des vœux et des doléances de l'u-
niversité lors des Etats généraux de 1614.
Georges Turgot, proviseur du collège d'Har-
court s'y exprime ainsi à l'égard des jésuites :

« Cette nouvelle société, dit-il, quoique
« suspecte aux plus prudents et affectionnés
« Français, possède plus de biens et de
« revenus que toutes les universités, mais
« aussi attire à soi, avec toutes sortes d'ar-
« tifices, l'affluence des écoliers, au grand
« préjudice de l'Etat, au repos et sureté duquel
« il importe grandement que l'instruction de la
« jeunesse ne soit commise à une compagnie
« qui n'étant originairement française, *mais*
« *notoirement reconnue*, avoir des intelligen-
« ces avec les étrangers, ne peut se dire sécu-
« lière ou régulière »; et il ajoute ce vœu con-

cernant l'instruction congréganiste dont nous pouvons faire notre profit aujourd'hui.

« Les universités supplient sa majesté de
« faire défense à tous les religieux de quelque
« règle, profession ou ordre que ce soit de s'in-
« gérer désormais, n'entremettre directement
« ou indirectement, sous quelque couleur que
« ce soit, en l'institution publique ou privée
« d'aucuns enfants de condition séculière, de
« faire défenses à tous les sujets de quelle qua-
« lité qu'ils soient, ayant enfants non religieux
« de les envoyer instruire aux maisons et col-
« lèges de quelque ordre que ce soit, hors du
« royaume, sous telles peines qu'il plaira à sa
« majesté d'ordonner. »

C'est en 1614 que Turgot émettait ce vœu bien en avance sur celui de M. Pochon qui fait si grand peur au monde congréganiste, mais qu'il faudra bien qu'on écoute quelque jour.

La lutte continue, l'heure du triomphe des jésuites a sonné, ils prennent la tête du mouvement catholique et, par eux, l'Europe sera en feu pendant trente ans ; on égorgera « les hérétiques » au cri de Jésus-Maria, ce mot d'ordre des armées impériales et de l'armée de Tilly lors du sac de Magdebourg.

Et Jésus n'a pas encore étouffé les bandits qui trainent aussi outrageusement son nom dans le sang et dans les ruines. Ah ! si Jésus était Ignace, qu'il y a longtemps que ce serait fait.

Laissons « la vipère écraser le lion » et oublions un instant cette immortelle lutte de notre Pascal, d'Arnaud, des Jansémistes contre les Escobar et autres inventeurs de la fa-

meuse morale des casuistiques, de la morale
du « distinguo »|et du « probabilisme » dont
nous reparlerons en temps et lieu, pour rappeler la suite des crimes des Ignaciens et la
façon dont ils arrivèrent à pervertir non seulement la conscience de Louis XIV mais celle
de la nation toute entière et a faire décréter
et approuver la révocation de l'édit de Nantes, les dragonnades et autres crimes épou-
vantables qui pèsent encore aujourd'hui si
jourdement sur les destinées de la France.

« Je suis Tourangeau, écrivait le 10 décembre 1816, Paul Loais Courier, j'habite Luynes
sur la rive droite de la Loire, lieu autrefois
considérable que la révocation de l'édit de
Nantes à réduit à mille habitants et que l'on va
réduire à rien par de *nouvelles persécutions,*
si votre prudence n'y met ordre. » (Pétition
aux deux Chambres).

Il y avait en France, avant 1685, nombre de
villes comme Luynes, peuplées, riches dans
lesquelles les chrétiens protestants, retirés
des intrigues, cultivaient en paix toutes les
branches du commerce.

Ils excellaient dans l'industrie, dans les
arts, tenaient la première place dans nos
armées par leur bravoure et leur savoir et,
il faut bien le dire, damaient partout le pion
aux catholiques ; à quoi cela tenait-il ? Tout
simplement à ce que l'esprit de libre examen
avait développé en eux l'esprit d'initiative ;
ce n'était pas l'affaire des jésuites qui ne
pouvaient voir d'un bon œil ceux qu'ils pour-
suivaient de toutes leurs haines, ces survi-
vants de la Saint-Barthélemy, vivre en paix
prospérer, se distinguer par la dignité de

leur vie et les distancer de toutes façons. Dès 1662, ils commencèrent à leur faire interdire l'exercice de diverses industries dans lesquelles ils excellaient et à les faire exclure des charges de la cour ; ce n'était pas assez encore, il fallait arriver à se débarrasser de ces rivaux importuns qui faisaient la gloire de la France et, ne pouvant arriver à une nouvelle extermination à force ouverte, on procédera par voie détournée, on les fera périr de mort lente, on les forcera à s'exiler ou à subir le joug catholique.

Louis XIV n'y était peut-être pas très disposé, mais, une fois encore, les jésuites avaient trouvé un instrument prêt à favoriser leurs desseins. Le roi se faisait vieux et aux amours adultères qu'avait si bien favorisées la compagnie de Jésus, avait succédé un commerce plus régulier. Le père Lachaise avait repassé au roi-soleil une créature à lui, la veuve Scarron, ancienne huguenote qui, devenue reine de la main gauche, n'aspirait qu'à faire oublier ses origines et à servir ses protecteurs. Par elle, Louis XIV fut affilié à la sainte congrégation dont le collège prit le nom de collège Louis-le-Grand.

Bientôt on parvient à lui persuader qu'il y allait de sa gloire, de faire « l'unité religieuse » en France et dès lors commença contre les malheureux protestants ce système de conversion qui a pris nom les dragonnades, la conversion éperonnée.

On sait le reste : en 1685. l'édit de pacification par lequel Henri IV avait assuré, dans la mesure du possible alors, la liberté de conscience à ses anciens corréligionnaires était rapporté.

La liberté du culte était retirée à ces trop braves et trop intelligents chrétiens Français, leurs temples devaient être démolis et les ministres du culte mis hors du royaume dans la quinzaine ; les écoles protestantes seront fermées, les enfants qui naitront seront baptisés par les curés des paroisses et élevés dans la religion catholique et romaine, etc., etc., le tout à peine des galères, et de ces galères royales, on n'en sortait jamais.

La plume se refuse à retracer tant d'infamies, rien ne fut épargné pour assurer l'exécution de cet abominable décret : les protestants subirent toutes les rigueurs des lois : on vit des cadavres déterrés, trainés sur une claye, jetés à la voirie, le viol, le vol, les tortures, l'incendie des maisons, tout fut employé pour leur faire renier leur foi ; plus de cinq cent mille français parvinrent néanmoins à sortir de France et à se réfugier en Suisse, en Hollande, en Angleterre, en Allemagne surtout, emportant avec eux tous les secrets de notre industrie et la haine du nom français.

Pour garder leur foi, leurs espérances,
Neuf mille matelots, les meilleurs de France,
Douze mille soldats portent à l'étranger
Leurs bras vaillants, leurs cœurs que rien n'a pu
                           (changer,
Papin en Allemagne exerce son génie,
Pierre Bayle, Ancillon, Claude, Schomberg, Jurien.
Fidèles à leur loi, fidèles a leur Dieu,
Apportent les trésors de leurs vastes pensées
Aux pires ennemis de la France insensée.
Les millions de Tours, de Rouen, de Lyon

D'Elbœuf, de Caen, d'Angers émigrent et lion
Hollandais, léopard de la Grande Bretagne,
Aigle prussien, hélas, l'aigle de l'Allemagne,
De leur ongle d'acier, de leur serre d'airain,
Saisissent ces trésors...

a dit un poète, avec trop de vérité. — La
France fut ruinée matériellement, dégradée
moralement par la suite des terribles effets
de cette révocation de l'édit de Nantes dont
les conséquences matérielles et morales se
font encore sentir aujourd'hui chez nous de
la plus déplorable façon.

« Tous les honnêtes gens, écrivait alors
« l'auteur anonyme de l'histoire des cours de
« l'Europe, gémissent de cette affaire: depuis
« les siècles connus, il ne s'est peut-être pas
« donné plus triste scène sur le théâtre du
« monde, il ne s'agit plus que de faire équi-
« per de nouvelles galères. Un prince affer-
« mit-il son trône en violant ainsi son ser-
« ment solennel et en n'ayant aucun égard
« aux droits de la nature, n'étendez pas le
« droit du glaive sur la conscience; c'est un
« vrai miracle que la monarchie française
« n'ait point péri par leur catholicité, » (celle
des jésuites).

Elle ne périt pas sur l'heure, il est vrai,
mais sa tombe était dès lors creusée et c'est
en vain que les rois très chrétiens essayeront
plus tard de chasser leurs fossoyeurs.

Ces conséquences si terribles qu'eut pour
nous la révocation de l'édit de Nantes, nous
les avons décrites jadis, à notre retour de
captivité en Allemagne où nous avions pu
lire sur place « l'histoire des colonies fran-
çaises en Allemagne » et juger par nous-mê-

mes que ce qui avait fait la grandeur de la Prusse, que ce qui lui avait procuré tout ce qui lui manquait, qui lui avait donné tous les instruments pour combattre en 1870, c'étaient les refugiés Français dont les enfants, devenus allemands, reprendront la route de Metz en chantant le Wacht au Rhein, un fusil allemand sur l'épaule : voilà l'œuvre des Jésuites ! Est-ce pour cela que nous leur donnons nos enfants à instruire ? La ruine de la France, est-ce que ça les regarde ? ils sont étrangers, comme de vrais Prussiens, ils sont campés chez nous, ils s'y trouvent bien ils y boivent notre vin. Hurrah pour le jésuite.

Mais il ne s'agit pas encore seulement des conséquences matérielles qu'ont eues pour nous ce crime de lèse-nation qui justifie, qui commande l'expulsion de ceux qui en sont les auteurs responsables, les conséquences morales en furent peut-être plus désastreuses encore si possible. Comme l'a si bien dit Paul Bert, la révocation de l'édit de Nantes nous a livrés, sans contrepoids à « l'Eglise « catholique ; c'est elle qui a régné en sou-« veraine non seulement sur nos institutions « et sur nos mœurs, mais sur ce qui les pré-« pare, sur l'éducation publique, d'où, l'obéis-« sance passive, n'ayant, comme compensa-« tion, que la révolte, absolutisme ou néga-« tion. »

Dès lors, pas de milieu, nous n'avons plus qu'une ressource : briser nos chaînes par la révolution au lieu de nous acheminer doucement vers le progrès.

La révocation de l'édit de Nantes a donc

rendu fatalement la France autoritaire et révolutionnaire, fatalement elle a imprégné nos mœurs et notre éducation de l'esprit autoritaire qui l'avait dictée — aussi, non seulement les crimes des jésuites ont justifié ceux de la révolution, mais ils les ont fatalement commandés — n'ayant plus, si je puis m'exprimer ainsi, la planche du libre examen pour nous acheminer doucement vers le mieux, nous avons dû franchir d'un bond l'obstacle qui nous en séparait au risque de nous briser l'échine. Aussi, aujourd'hui, de par les jésuites, la guerre est-elle à la vie ou à la mort, non pas entre la République et la monarchie seulement, mais entre l'absolutisme théocratique, entre Rome et la liberté, entre une religion que les jésuites achèvent de tuer, et l'idée nouvelle, la religion de l'avenir, la morale universelle.

Deux mots encore à ce sujet, pour rappeler comment l'historien des jésuites, le père Loriquet, parle de ce crime. A son dire, ce sont les lapins, les pauvres victimes qui, bien entendu, avaient commencé.

« La même année (1685), dit-il, le monarque frappa la religion prétendue réformée d'un coup qui retentit jusqu'aux extrémités de l'Europe. Les calvinistes avaient extorqué de ses prédécesseurs, les armes à la main, un grand nombre de privilèges en faveur de leur secte et obligé Henri IV de publier le fameux édit de Nantes qui leur *donnait une sorte d'égalité avec les catholiques.* Louis XIV, assez grand et assez puissant pour n'avoir rien à craindre de leur retentissement, « révoqua l'édit de Nantes, leur

interdit l'exercice de leur religion et *fit abattre leurs temples.* » Et c'est tout ; tout le jésuitisme, veux-je dire, est là, dans tout le cynis-
me du crime et du mensonge, et c'est à ces
historiens que vous avez confié, que vous
continuez à confier l'éducation de vos enfants.

Je pourrais m'arrêter là, tant j'ai justifié
la nécessité de l'expulsion des jésuites et les
raisons qui m'avaient fait entreprendre ce
travail, mais il me faut aller jusqu'au bout
de ma tâche, il faut arracher tous les masques dont se couvrent ces misérables sans-
patrie, ces vrais sans-culottes ceux-là. Au
crime que je viens de dénoncer, en succéda
un autre non moins anti-français, non moins
anti-chrétien, non moins anti-religieux que
celui de l'édit de Nantes, je veux parler de
la destruction de la célèbre abbaye de Port-
Royal-des-Champs.

C'est dans les écoles de Port-Royal que
Lancelot, Nicole, Racine avaient été élevés.
On y trouvait des méthodes d'enseignement
établies sur la saine raison ; la langue française commençait à s'y substituer au latin
et ces écoles tendaient à devenir, si elles ne
l'étaient déjà, les plus célèbres de France.
Mais on professait là une autre morale que
celle des jésuites, la morale des Arnaud, des
Pascal et des austères jansénistes ; c'est là
qu'on avait écrit les *Provinciales* ; il n'en
fallait pas plus pour que cette demeure
illustrée par les vertus et le savoir d'hôtes
à jamais célèbres fut vouée à la destruction.

A peine le père Letellier, cette bête fauve,
avait-il succédé au père Lachaise comme
confesseur du roi, qu'il obtenait de lui l'au-

torisation de détruire Port-Royal. Il ne resta pas pierre sur pierre de cet asile de tant de savoir, de tant de vertus, de tant de vraie sainteté ; on n'épargna pas même les cadavres, il furent exhumés, jetés à la voirie ; la charrue en fouilla le sol et on y sema le sel.

Après de tels forfaits, le nom de jésuite aurait dû disparaître à jamais, être rayé de nos annales et pourtant aujourd'hui ce sont les destructeurs à jamais infâmes de Port-Royal qui viendront nous parler de Dieu, de morale, de religion, de tout ce qu'ils n'ont cessé de profaner. Qu'ils le sachent bien, les cadavres de leurs victimes se lèveront tôt ou tard contre eux et chacune des pierres qu'ils ont renversées leur retombera sur la tête de tout son poids jusqu'à ce que l'immonde bête du jésuitisme soit enfin écrasée.

Mais continuons. Comme les malfaiteurs toujours en crainte de voir le fruit de leurs rapines leur échapper et le gendarme leur mettre la main au collet, ils redoublent de rage, espérant trouver dans les fureurs de la plus sauvage persécution les moyens d'affermir le pouvoir qui croule sous eux et de rassurer leur conscience agitée — tout ce qui n'est pas eux est poursuivi comme athée — Fontenelle lui-même n'échappera pas à cette accusation.

C'est l'époque des grandes congrégations, de celle dite « *des Messieurs* », à laquelle appartient Louis XIV lui-même et avec lui tout ce qui se dit gentilhomme ou veut le devenir. Ces congrégations, on le sait, au moyen desquelles le jésuite gouverne partout, refleurirent sous la restauration et il ne faudrait pas chercher bien loin pour les retrouver de nos jours, plus florissantes que jamais malgré les noms sous lesquels elles se cachent et le voile dont elles se couvrent·

Ils voudraient tout englober dans leurs filets, ces bons apôtres : pour y arriver, ils vont faire de la religion ce qu'ils ont fait de la morale, une religion à eux ; ils vont pervertir le sens religieux comme ils ont perverti le sens moral en ravivant cette religion des sens, cette religion d'hypnohystérie qui fleurit aujourd'hui sous le nom de culte des sacrés-cœurs, d'adorations de tout ce qu'on voudra, de voyants sans lumière, dans laquelle tout est religion excepté la religion. Ils ont trouvé, pour les guider, non pas seulement une folle, mais quelque chose de pire encore, cette idiote sans le moindre sentiment de pudeur qui a nom Marie Alacoque. La dégradation religieuse ne pouvait guère descendre plus bas : elle y est pourtant arrivée aujourd'hui.

C'est alors qu'on voit fleurir les associations du Sacré-cœur de Marie, de la Croix, du St-Sacrement, du St-esclavage : la France ne sera bientôt plus qu'une vaste confrérie, l'armée sera, comme toujours, affiliée à ces confréries, car c'est toujours sur elle que le jésuite compte pour « faire sanctionner » ses forfaits. Les dragons de Louis XIV n'ont-ils pas été ses meilleurs convertisseurs ? aussi, comme il la soigne, comme il l'exulte l'armée, la sainte armée, à elle aussi il donnera une Notre-Dame-des-Victoires, une déesse à l'épée vengeresse, suprême infamie !

Mais crocheter les bénéfices, crocheter la

morale et la religion, capter les héritages,
enrôler sous leur bannière soldats et généraux, terrasser tout ce qui peut faire om-
brage, cela ne suffit pas encore à leur gloire,
à la gloire du Dieu qu'ils ont habillé à leur
ressemblance pour qu'on ne puisse pas le
reconnaître, il leur faut aussi, à ces pauvres
mendiants, la gloire commerciale. Ils spécu-
lent, ils agiotent dans tous les coins du
monde, ils arment des vaisseaux pour trafi-
quer et, avec la morale qu'ils mettent en
action, ils n'auront pas de peine à devenir
de parfaits commerçants, c'est-à-dire de ces
commerçants sans scrupules, de ces vendeurs de friperie qui remplacent catholique-
ment l'honnêteté proverbiale du commerce
français par ce raffinement de tromperies que
nous ne connaissons que trop.

Tout s'use malheureusement, et pour cette
fois, le saint commerce ne leur portera
pas bonheur. Que ne s'en étaient-ils tenus à
la vente de la bonne et si lucrative friperie
catholique, des os des bons saints, des
bonnes images miraculeuses, du lait ou des
pantoufles de la Ste-Vierge, etc., bon, admirable commerce qui réussit toujours. La banqueroute arrive; le père Lavalette, un habile
homme pourtant, le grand commerçant des
Antilles qui n'avait pas dédaigné de s'asso-
cier à un juif pour l'aider dans ses entre-
prises, fait une simple faillite de trois millions de francs. Ce ne serait rien aujourd'hui
et le krack de certaine banque catholique dont
nous n'avons pas encore perdu la mémoire
fut d'une bien autre importance; mais trois
millions étaient alors une somme impor-

tante. Les victimes du bon père se plaigni-
rent. On leur offrit de dire des messes pour
les aider à supporter chrétiennement ce malheur. Ils se refusérent à se payer de pareille
monnaie. Un procès s'ensuivit ; ces honnêtes
commerçants, non-seulement furent condamnés à l'unanimité à rembourser à leurs victimes le montant de ce qu'ils leur devaient ;
ce qui ne les génait guère du reste, mais on
eut l'audace d'examiner leurs livres de commerce qui fournirent la preuve juridique que
l'institut de Loyola était en oppositon flagrante avec les lois du royaume, avec l'obéissance due au souverain et avec la paix de
l'Etat.

Enfin, le 6 août 1762, le parlement con-
damna à l'unanimité ces bons pères. Le collège Louis-le-Grand fut fermé, leurs biens
vendus et aliénés au profit de l'état et leurs
vœux déclarés abusifs.

C'est en vain qu'ils cherchent tous les
moyens de parer le coup qui vient de les
frapper.

En novembre 1764, Louis XV, roi très
chrétien, fils ainé de l'église, rend un édit
dans lequel il déclara » :

« *L'institut des jésuites inadmissible par
sa nature dans tout état policé*, comme contraire au droit naturel, *attentatoire à toute
autorité spirituelle et temporelle* et tendant à
établir dans les églises et dans les Etats,
*sous le voile spécieux d'un institut religieux,
un corps politique* dont l'essence consiste
dans une activité continuelle pour parvenir,
*par toutes sortes de voies directes ou indirec-
tes, sourdes ou politiques*, d'abord à une indé-

pendance absolue et *successivement à l'abolition de toute autorité.* »

Ce n'est pas nous qui l'avons dit, c'est Louis XV. Allons bonnes dévotes, bons chrétiens, gouvernements amis de l'ordre, prenez vos lunettes et relisez cet édit *royal*, qu'un autre roi non moins chrétien, Charles X, se verra obligé de renouveler en 1828.

Et, comme un malheur n'arrive jamais seul, le pape Clément XIV après avoir examiné, dit-il, les troubles qui agitent le monde catholique et reconnu qu'il faut les attribuer à l'existence de certains ordres religieux dont les jésuites, et examiné avec soin tout ce qui a rapport aux progrès et à l'état de cet ordre et reconnu que, de tous cotés il s'élève par eux des séditions, des divisions, des scandales ; que les rois de France, d'Espagne, de Portugal, des Deux-Siciles ont été contraints de les expulser de leurs états pour empêcher les peuples chrétiens de se déchirer dans le sein de l'église, rend un bref ainsi conçu :

« Nous éteignons et supprimons la susdite
« société, nous cassons et abrogeons tous et
« chacun de ses offices, ministères et admi-
« nistrations, nous lui ôtons ses écoles, ses
« maisons, ses métairies et lieux quelconques
« en quelque province du royaume qu'ils
« soient situés et de quelque manière qu'ils lui
« appartiennent.

« À cet effet, nous déclarons *cassée à per-
« pétuité* et éteinte en entier toute auto-
« rité quelconque du général, des provin-
« ciaux, des visiteurs et autres supérieurs
« de la dite société, tant au spirituel qu'au
« temporel. »

Donné à Rome, à Sainte-Marie-Majeure, sous l'anneau du pécheur, le 21 juin 1773 et la cinquième année de notre pontificat.

Ce pape était infaillible, il devait l'être du moins puisque ses successeurs le sont et que l'église est immuable dans ses doctrines, il avait jugé en toute connaissance de cause, ayant à sa disposition « des documents qui n'ont pas vu le jour par des *ménagements de charité*, de crainte et de politique », dit-il.

Donc les jésuites sont condamnés sans rémission, à perpétuité et leur existence est un outrage à la papauté et à l'église, on ne peut dire le contraire ; ceux donc qui les reçoivent, qui en font même des évêques sont condamnés eux-mêmes et hors le giron de l'église.

La condamnation des jésuites a donc été prononcée, en ce qui regarde la France, et par la faculté de théologie, et par l'université, et par les parlements et par édit royal, et en ce qui concerne la catholicité par un Pape qui, il est vrai, peu de temps après était enlevé, *contre toute attente*, par une mort subite, qui, dit notre chansonnier populaire, notre Béranger, celui qui a si bien chanté les hommes noirs, *mourut dans les coliques*, c'est-à-dire empoisonné pour avoir eu le suprême courage de démasquer les empoisonneurs de la religion, de la morale et de la société. Les empoisonneurs, on les connaît.

Après de pareilles condamnations, on pourrait les croire morts, il n'en est rien. La peste ne meurt que lorsqu'on en détruit les causes et, pour détruire les jésuites, il faut non-seulement en détruire la race, mais la racine, les superstitions dont ils naissent et qui les font vivre.

Chassés de France, ils se réfugient en Prusse, en Russie; ils se font cosaques, ils vont devenir les meilleurs espions de l'étranger contre-nous; ils vont se mettre à la tête de toutes les réactions. Voilà le bilan de leur patriotisme.

Passons maintenant à la seconde partie de leur histoire et nous pourrons nous assurer qu'ils sont restés « tales quales » tels qu'ils étaient, qu'ils nourrissent les mêmes projets, que leurs moyens sont les mêmes et que leur but est toujours d'arriver au pouvoir, *pour leur propre compte*, en garottant l'idée moderne, en domptant la révolution. Ils veulent, en un mot, et ils ne le cachent pas, prendre leur revanche des flétrissures qu'ils ont subies; les laisserez-vous faire?

2ᵉ Partie

LE JÉSUITISME MODERNE

> « Vous ne serez pas persécutés, on
> vous chassera. »
>
> De Martignac

CHAPITRE V

Entr'acte. — La Restauration. — La terreur noire.
La France encapucinée. — Le roi au clergé. —
De Montlosier. — Le respect des lois. — Les
édits de 1828.

De Louis XV à la Restauration, l'agitation
jésuitique subit un temps d'arrêt ; ce n'est
qu'une sorte d'entr'acte pendant lequel les
Ignaciens vaincus rentrent dans la coulisse
pour changer de noms et de costumes et se
préparer à de nouveaux exploits.

Bannis de France, éteints par le Pape auquel
ils ont juré obéissance jusqu'à la mort, ces
bons serviteurs entendent bien servir la papauté quand même et continuer à vivre aux
dépens de l'Eglise. La religion c'est eux.

Sous des habits et des noms d'emprunt, ils s'en vont, qui près du roi de Prusse, le voltairien Frédéric, qui leur permet de s'établir en Silésie, qui vers la grande czarine Catherine, la papesse de la religion orthodoxe. Ils se font les espions des cours étrangères, jurant de se venger de la France qui n'a plus voulu d'eux. Ils feront assassiner le général Duphot et solderont le bandit Fra-Diavolo pour égorger les Français.

Pendant l'époque dite de la Terreur, on les voit venir en France avec des passeports Russes et jouer alors les rôles les plus ténébreux, ceux qu'ils jouent encore en ce moment près des anarchistes. Ne lisons-nous pas, en effet, aujourd'hui même, que Thomas Forsati, le fauteur de l'attentat anarchiste qui ensenglanta Barcelone le jour de la procession de la Fête-Dieu, élevé au petit séminaire de Marseille fit, tout en organisant son complot anarchiste, de fréquentes visites au Père Larua, jésuite en renom. Nous n'en augurons rien, mais nous constatons le fait. Ce qu'il y a de certain, dans tous les cas, c'est que sous la terreur, ces Jésuites venus de l'étranger, entretenaient des relations clandestines avec le clergé réfractaire et organisaient ces associations secrètes dites du *Cœur de Jésus*, des *Victimes de l'Amour de Dieu, des pères de la foi, adorateurs de Jésus* et autres bandes que nous verrons sans trop tarder, à l'œuvre dans les costumes les plus bariolés, j'allais dire que nous voyons en ce moment encore à l'œuvre, s'agitant de toutes parts et qui ne sont, on le sait, que des Jésuites des plus authentiques. Tout cela travaille à qui mieux mieux,

à entretenir le fanatisme religieux, et à our-
dir de ténébreux complots contre la tranquil-
lité de l'Etat. De la paix, point ne leur faut,
on ne pêche bien qu'en eau trouble.

Napoléon Ier qui, tout d'abord, s'était montré favorable dans une certaine mesure, aux
ordres religieux, s'apercevant des menées de
cette jolie vermine, rend, sur le rapport de
Portalis et, en toute connaissance de cause,
le décret du 3 messidor an XII (22 juin 1804)
encore en vigueur aujourd'hui, qui dissout
les congrégations d'hommes et de femmes
formées *sous prétexte de religion*. Ce n'est
pas nous qui le disons.

Citons à ce propos une intéressante circu-
laire qu'adressait alors, sur l'ordre du ministre de l'intérieur, le Préfet de la Nièvre, aux
sous-préfets et maires de ce département.

« M. le ministre, écrit-il, signale les Jésuites comme cherchant à s'établir en France où
ils se présentent *sous toutes sortes de formes*,
tantôt sous le nom *de pères de la foi*, tantôt
sous celui d'*Association du Sacré-Cœur de
Jésus*, sous celui de *Congrégation du Saint-
Sacrement*. Il déclare que l'Empereur ne *permettra pas l'établissement des Jésuites en
France*, l'intention de Sa Majesté étant de ne
reconnaître de ministres du culte que les prêtres réguliers. En conséquence, vous ne de-
vez pas permettre dans vos communes la
formation de couvent de l'un ou l'autre sexe,
etc. »

Serions-nous plus catholiques que Napoléon Ier?

Sur la fin de l'Empire, ces Ignaciens comme
les oiseaux de proie qui flairent le carnage,

trouvent moyen, grâce à l'appui de la mère de l'Empereur et de la nouvelle Impératrice, de reprendre une sorte d'existence moins surveillée, mais ils ne s'en tiennent pas moins sur leurs gardes. Vincennes est là.

L'Empire s'écroule et toutes les bandes noires, ivres de vengeance, rentrent en France sur les fourgons de l'étranger. Leur première œuvre sera de déchirer à belles griffes l'*Ogre de Corse*, celui devant lequel ils tremblaient si bien. Tous les Loriquet saliront à qui mieux-mieux de leur bave immonde celui que leur pape avait sacré et dont les évêques célébraient à l'envi la gloire comme restaurateur de la religion. Ils n'en viendront pas moins lécher à nouveau les bottes de Napoléon III et celui-ci se laissera bêtement piper par leurs louanges.

Avec la restauration, nom donné par la réaction ultramontaine au régime qui a personnifié la restauration de tout ce que le jésuitisme a eu de plus odieux, commence pour eux l'ère moderne, l'ère de leur nouvelle action. Sera-t-elle inférieure en crimes à la précédente ? Pas le moins du monde. La secte aura-t-elle amélioré sa morale, sa religion ? Pas davantage. Elle revient plus fanatique, plus haineuse, plus féline que jamais. Le Jésuite a conservé son éternelle marotte : abattre tout ce qui gêne ses ambitions, terrasser l'hérésie, c'est-à-dire arrêter la marche du monde, garotter le pouvoir laïque et surtout s'emparer des enfants de France pour en faire les gendarmes de la contre-révolution. Voilà ce qu'il veut, ce qu'il ne cessera de vouloir qu'avec la mort.

A peine ces sinistres compagnons de Jésus ont-ils repris le pouvoir qu'ils organisent la terreur blanche, la terreur noire serait mieux son nom. A Avignon, à Nîmes, à Toulouse, à Marseille, à Bordeaux, etc. etc., dans tout le Midi surtout, les *compagnons de Jéhu*, les *Verdets*, les *chevaliers du brassard*, enregimentés par les *pères de la foi*, font la chasse aux patriotes comme à des bêtes fauves. On connaît les assassinats de Brune et de Ramel.

La grande Congrégation englobe la France entière et y fait plus de victimes à elle seule qu'une des grandes batailles de la Révolution.

A côté du gouvernement royal s'établit un gouvernement occulte, le gouvernement des hommes noirs et Louis XVIII, le Voltairien, est lui-même mis en surveillance. Tous les marquis de Carabas saluent le Jésuite chapeau bas et lui confient l'éducation de leurs enfants. Ne vont-ils pas leur faire voter *le milliard des émigrés* ? Puis vient la loi du *sacrilège* qui jette l'épouvante partout. Nous sommes revenus aux beaux jours des temps de foi, aux assassinats juridiques, on pourra recommencer à mettre sur la roue, pour la plus grande gloire de Dieu, un chevalier de la Barre ou un Calas. Mais qui ne connaît cette époque ? Si on l'ignore, qu'on relise Paul Louis et on sera fixé.

Avec Charles X, c'est pire encore. Le roi au cierge, qui savait, par l'exemple de ses prédécesseurs, qu'on peut se permettre, en toute sûreté de conscience, toutes sortes de royales débauches pourvu qu'on ait pour chargé d'affaires un bon Jésuite, leur livre la direction de Paris, la police, les postes, toutes les clefs du gouvernement, en un mot. L'espionnage devient par eux une mission d'Etat qui conduit aux plus hautes charges, voire même à la noblesse. Le nombre des Jésuites de *robe courte*, de ces affiliés plus dangereux encore, si possible, que ceux qui les dirigent, va en s'accroissant chaque jour. Par eux, toute la France est mise en suspicion ; aussi, chacun s'empresse-t-il de se couvrir d'une cagoule pour se mettre à l'abri des poursuites des bons pères. On ne vendra pas un pot de moutarde qui ne porte l'étiquette de la sainte boutique, tout comme aujourd'hui, allais-je encore dire, où nous voyons tant de boutiques se mettre à la catholique.

De toutes parts s'organisent ces *saintes missions* que nous commençons à voir refleurir et qui ne sont autre chose qu'une croisade contre le *libéralisme*, on ne disait pas alors contre la République. Les bons missionnaires qui n'en reviennent jamais les poches vides, sont reçus en grande cérémonie par les autorités civiles et militaires du lieu qu'ils honorent de leur présence ; on se presse à leurs sermons, on plante partout de gigantesques croix, les plus grandes que puisse inventer l'Escobarderie et c'est merveille de voir la piété des dames stylées par les révérends pères et de notre armée revenue de Gand.

On confesse et on communie nos soldats à la perche, officiers en tête, comme on disait alors, et comme on tentera de le faire si ce n'est déjà fait ; tout s'incline, tout tremble devant le goupillon des Jésuites qui avaient obtenu leur guerre, cette guerre d'Espagne destinée à faire refleurir la graine de moines, la sainte inquisition, pour en replanter chez nous. En 1826, on y brûlera saintement un Juif pour la plus grande gloire du Dieu de Loyola.

La charité elle-même devient un moyen d'exploitation et d'encapucinement qui n'a que trop bien réussi. La société de St-Joseph à laquelle nous verrons plus tard succéder la société de St-Vincent de Paul, n'aura la charité que comme but apparent. En réalité, elle sera un moyen de gouvernement. La preuve du reste en a été si souvent faite que je n'ai pas à y revenir.

Chacune de ces assemblées, comme plus tard celles du rachat des petits Chinois et autres œuvres de la même farine, a ses centurions, ses décurions, ses visiteurs qui se partageront la surveillance des quartiers et des familles. On y joint des bureaux de placement de domestiques des deux sexes à la dévotion des bons pères, bien entendu, et toute la France se trouve enlacée dans un vaste réseau d'espionnage qui permet à la sainte compagnie d'accomplir en toute sécurité toutes ses basses œuvres. Le gouvernement, c'est la compagnie de Jésus, son chef, le général des jésuites. C'est l'époque du règne du goupillon.

Le réveil sonne enfin. La presse s'émeut de cette éclosion malsaine de congrégations non autorisées, de champignons vénéneux qui vont bientôt couvrir toute la France. *Le Constitutionnel et le Courrier Français* sont poursuivis pour avoir sonné le réveil. La magistrature de Paris, et nous sommes heureux de lui rendre cet hommage, conservant les traditions des parlements sur les droits du pouvoir civil rend, en faveur des journaux poursuivis, et sur les plaidoiries de messieurs Dupin et Mérilhon, un arrêt dont nous extrayons les conclusions suivantes qu'il n'est peut-être pas inutile de rappeler à nos législateurs.

« Considérant que ce n'est ni manquer au respect dû à la religion de l'Etat, ni abuser de la liberté de la presse que de discuter et de combattre *l'introduction et l'établissement dans le royaume de toutes associations non autorisées par la loi* dit qu'il n'y a pas lieu de prononcer la suspension requise. »....

« Considérant que la plupart des articles publiés par le *Courrier français*, dénoncés par le procureur général, sont blâmables, quant à la forme, mais qu'au fond ils ne sont pas de nature à porter atteinte à la religion de l'Etat ;... que des circonstances atténuantes résultent spécialement de l'introduction en France des *corporations religieuses défendues par la loi, ainsi que des doctrines ultramontaines* hautement professées depuis quelque temps par une partie du clergé français et dont *la propagation pourrait mettre en péril les libertés religieuses et civiles de la France,* la cour déclare qu'il n'y a pas lieu de poursuivre. »

Voici donc, en pleine restauration, les hommes noirs *mis hors la loi, de par notre magistrature ;* mais ce n'est pas tout, un fervent royaliste, un vrai Comte qui a émigré, qui a suivi le roi en exil, un chrétien des plus fervents qui lit chaque jour une page de l'*Imi-*

tation, qui se confesse et communie religieusement pendant la semaine sainte, l'honnête M. de Montlosier qui n'a que trop prévu que les jésuites allaient verser la royauté dans l'ornière, publie un livre intitulé : *Mémoire à consulter sur un système religieux et politique tendant à renverser la religion, la société et le trône.* » Montlosier n'était pas franc-maçon, hatons-nous de le dire, et pas davantage républicain (ce qui n'empêchera pas les bons catholiques de refuser la sépulture en *Terre-Sainte* (?) à son cadavre qui leur fait encore peur.

Ceci fait, il demande une consultation près de 45 avocats du barreau de Paris présidés par Dupin, et muni de cette consultation, il en appelle tout d'abord à la cour royale de Paris, lui dénonçant : 1° l'existence de plusieurs affiliations connues sous le nom générique *de congrégation*, dont quelques-unes ont pour objet apparent des exercices de piété, mais qui sont toutes liées par un même esprit et *sous une même direction centrale*, et tendantes, à raison d'engagements divers, à se composer dans l'Etat une influence particulière, au moyen de laquelle elles espèrent *maitriser l'administration, le ministère et le gouvernement.*

2° L'existence flagrante de deux établissements *de jésuites en contravention aux lois du royaume qui ont proscrit la société de Jésus.*

3° La profession patente de doctrines ultramontaines.

4° L'esprit d'envahissement du parti prêtre, etc. (1). N'y a-t-il donc plus de Montlosier chez-nous ?

(1) Voir pour plus de détails l'excellent livre de

La cour mise ainsi en demeure d'appliquer les lois, se déclare incompétente sur ces considérants que « *l'état actuel de la législation s'oppose formellement au rétablissement de la société de Jésus*... mais que, suivant cette législation, c'est à la haute police qu'il appartient de dissoudre tous ces établissements ou associations formés au mépris des lois.

De Montlosier, sans se lasser, s'adresse alors à l'autorité adminstrative et porte sa pétition devant la chambre des Pairs. Portalis est nommé rapporteur. Du rapport de ce si éminent et si savant magistrat, nous ne retenons que ceci : « *les congrégations anciennes ont toutes été abolies, notamment celle des jésuites. La défense aux membres des jésuites de s'immiscer dans l'enseignement subsiste dans son entier.* »

On ne s'en douterait guère aujourd'hui.

La discussion qui s'engagea alors à la chambre des pairs qu'on ne pourra accuser de manquer de royalisme fut des plus émouvantes et nous voudrions pouvoir citer en entier le discours du baron Pasquier, dont nous nous bornerons à retenir les passages suivants qui suffisent, du reste, à motiver amplement notre argumentation.

« *La société est toujours la même, son institut n'a pas changé* ; les inquiétudes qu'elle inspire aux plus fidèles amis du roi *subsistent toujours*. On a cherché à élever quelques

Cayla, l'expulsion des jésuites, auquel j'ai fait plus d'un emprunt, celui de Sauvestre, instructions secrêtes des jésuites.

équivoques sur l'application des lois exis-
tantes, je n'entrerai pas dans cette discussion ; il y a ici plus qu'une loi, *c'est un principe éternel et indépendant des lois positives*
« que celui qui ne permet pas qu'une société
« quelconque se forme dans un Etat sans
« l'approbation des grands corps de l'Etat. »

Qu'en pensent nos parlementaires ? Seraient-
ils plus royalistes que les pairs de Charles X
qui vous crient, le renvoi des jésuites, des
congrégations non autorisées, *c'est plus qu'une
loi, c'est un principe éternel et indépendant
des lois*.

C'est en vain, qu'ainsi foudroyés, les
jésuites jettent les hauts cris et emploient
tous les moyens en leur pouvoir pour se
maintenir. Le 16 juin 1828 on rentre enfin
dans une quasi-légalité et c'est *un Evêque*
M. de Feutrier, alors ministre des affaires
ecclésiastiques qui publie les fameuses ordonnances dites de 1828 qui excluent, *des établissements secondaires ecclésiastiques*, les
personnes appartenant à une congrégation
non autorisée et défendent à toute personne
appartenant à une congrégation religieuse
non reconnue en France de demeurer chargée
de la direction et de l'enseignement dans une
maison d'éducation dépendante de l'université ou dans une école secondaire ecclésiastique.

Ainsi, les jésuites se trouvent exclus,
même de l'enseignement dans les séminaires ;
c'est en vain qu'ils espérent trouver une
branche de salut près de la Chambre des
députés, Dupin est là et toutes leurs prétentions sont repoussées à une grande majorité.

Frappés encore une fois par ordonnance d'un roi très chrétien, ils n'en continuent pas moins à conspirer, faute de mieux, et ils forment autour de Charles X ce parti ultra-royalisle qui ne tarda pas à creuser, une fois encore, la fosse de la royauté du droit divin. C'est en vain que Charles X suit les processions, cierge en mains, la révolution de Juillet balaye tout ce monde noir aux cris de : à bas les jésuites.

En avons-nous fini avec eux? Pas encore. Plus tenaces que la teigne, ils vont recommencer leurs ligues sous la monarchie de Juillet, reprendre sous le 2me empire une partie du pouvoir qu'ils ont perdu, conquérir l'instruction secondaire en 1850, arriver en 1871 à ce qu'ils nomment la liberté de l'enseignement supérieur, c'est-à-dire à la main mise sur l'université et sur l'enseignement à tous les degrés. Chassés de nouveau par la république, ils reparaissent aujourd'hui plus audacieux que jamais.

Jetons un rapide coup-d'œil sur cette 3me période de leur histoire.

CHAPITRE VI

La congrégation sous la monarchie de juillet. —
La société de St-Vincent-de-Paul ; son vrai but.
— L'école des Postes. — Nouvelle condamnation
des Jésuites. — 1848. — Les bénisseurs. —
L'Empire. — Encore une fosse creusée par les
révérends Pères.

Rappelons brièvement leur œuvre sous la
Monarchie de Juillet ; c'est toujours la même
chose, du reste, même but, mêmes moyens.

Rentrés un instant dans l'ombre, ils sortent
de leurs refuges à petit bruit, sous des noms
d'emprunt et, peu à peu, se remettent à leurs
sinistres besognes. Ils exploitent tout d'abord
la charité, cette charité pieuse qui rapporte de
si grands profits à ceux qui savent s'en servir,
et les saints personnages s'y connaissent.
Quel saint commerce encore que celui-là ! La
charité, cette vertu dite chrétienne, ne sera
pour eux, et ils l'ont avoué, qu'un moyen de
corruption politique, une affaire à monter. La
religion, ils n'en ont que faire, car elle est
tolérante ; ce qu'ils veulent établir, ce sont
les apparences de la religion, cette mômerie
religieuse si dangereuse de toutes façons et
qui sert à tant d'usages. A l'aide de la société
de St-Vincent-de-Paul dont ils seront les
hauts directeurs, ils vont mettre la main sur

nombre de gens de bonne foi, haut placés souvent, animés de bonnes intentions qui feront, sans s'en douter, leur besogne à eux. Aujourd'hui, le fait est connu, la société de St-Vincent-de-Paul, comme nombre d'autres du même genre que nous avons en ce moment, ne fut au fond qu'une œuvre jésuitique, qu'une œuvre politique de perversion morale et religieuse, cachant les complots et l'organisation du parti ultramontain. C'est, dis-je, un fait connu.

Les bons pères s'en servirent en même temps pour peupler leurs maisons d'enseignement religieux, ces bonnes écoles qu'ils commencent à établir de tous côtés, grâce à la loi de 1833 qui a remis pour ainsi dire aux mains des ignorantins, des sous-jésuites, l'enseignement primaire ; celles-là sont pour les petits ; puis, pour les élèves de choix ils établissent cette fameuse maison de la rue des Postes, le grand réceptacle de la compagnie où ils vont attirer tous les fils des hobereaux, des bourgeois aspirant à la noblesse, qu'ils vont chauffer, endoctriner pour les lancer ensuite dans les hautes administrations, la magistrature et l'armée. Ils vont s'en faire des protecteurs, disons le mot, des complices. Dieu leur est bon, sans doute, et la grâce est chose efficace pour ceux qui la peuvent avoir, mais quand on fait un métier comme le leur, il faut, ils le savent bien, d'autres auxiliaires, si on ne veut pas aller au clou.

Aussi, ces honnêtes gens qui n'aiment pas qu'on vienne mettre le nez dans leurs affaires s'emploieront-ils avec un saint zèle dont on comprend toute la raison à être au mieux avec le gendarme et le procureur, avec celui qui requiert l'application de la loi et avec celui qui se charge de la faire exécuter. C'est là le rêve éternel de tous les larrons de haut parage. Mettre la main sur l'armée, voilà aussi un de leurs rêves, avoir la force à ses ordres, ses dragons convertisseurs comme au temps de la révocation de l'Edit de Nantes, avoir ceux qui commandent, avec ça on peut sortir de la légalité pour rentrer dans le droit et mettre enfin la main sur la liberté.

Tout en s'occupant de ces nobles besognes, ils ne dédaignent pas de songer à amasser des poires pour la soif, à capter, suivant leur coutume, quelques bons héritages ; mais tant va la cruche à l'eau qu'à la fin elle se casse, dit le proverbe.

Cette fois encore, c'est un chrétien, un royaliste qui s'apercevra de leurs tendances et qui demandera à la chambre des Pairs ce que peut bien être « cette génération d'hommes que *vous ne connaissez pas*, dit-il, qu'on les homme comme on voudra, néo-catholiques, sacristains, ultramontains, peu importe, la *chose existe* ». La chose n'existait que trop ; elle était ces bons Ignaciens formant corps et communauté dans la maison des Postes et enseignant au mépris des lois. A la suite d'un procès scandaleux devant la Cour d'assises, la justice met le nez dans leurs papiers et on s'aperçoit que toute la congrégation se trouve parfaitement réinstallée au mépris des lois, qu'elle a même une comptabilité, en partie double, suivant l'habitude des congrégations, qui accuse un bénéfice de près

d'un million 745,000 fr., dépenses déduites,
pour l'année 1843. Ce boni provenait-il d'éco-
nomies sur la soupe des élèves ?

En réalité, on avait retrouvé la société de
Loyola bien vivante, comme aujourd'hui, et
faisant au mieux ses petites affaires par des
moyens à elle. Thiers interpelle à ce propos
le ministère « *sur l'exécution des lois* du
royaume en ce qui concerne *les congrégations
religieuses*, lois qui dormaient alors, comme
aujourd'hui. Le débat qui s'engage serait à
rapporter en entier ; pour qui l'a lu, la question est vidée de toutes façons, politiquement, juridiquement, moralement. Thiers,
Dupin, Lamartine, Martin du Nord, garde
des sceaux, Hébert, Odilon Barrot, etc., etc., y
prennent tour à tour la parole et, rappelant
la discussion qui a déjà eu lieu à la chambre
des Pairs en 1844, forcent le gouvernement à
accepter un ordre du jour qui l'invite à « *faire
exécuter les lois de l'Etat* ». De cette discussion, admirable de tous points et qui prouve
que les bourgeois de 1830 avaient, je suis
obligé de le reconnaître, à un plus haut degré
que nous, le sentiment des droits du pouvoir
civil et du respect des lois, je ne retiendrai
que quelques points principaux. Et tout d'a-
bord, dans le discours de Thiers, celui-ci :

« C'est qu'il n'y a de liberté qu'à condition
du respect des lois », qui répond à cette pré-
tention des Jésuites et des Congrégations de
vouloir exister malgré les lois.

2° Que l'Etat dans la crainte de troubler
l'Eglise a laissé exister, malgré la loi, un
très grand nombre de congrégations, que le
fait a envahi le droit et, qu'en voulant être

modéré, le gouvernement n'a fait que se créer des difficultés plus grandes ; mais l'Etat n'est pas vaincu pour cela, la loi et ses droits subsistent en entier.

3° Qu'il faut que l'Eglise sache qu'il y a des lois pour elle et que ces lois sont inflexibles.. Le sait-elle ?

4° Qu'il y a une *puissance occulte*, une congrégation, une faction, celle qui a perdu le gouvernement de la Restauration, qui, aujourd'hui, commande et obtient les adhésions collectives d'évêques contre les décisions du gouvernement ; que c'est dans cette faction qu'un parti vient chercher la force d'association et de domination ; que c'est de là qu'il *cherche* à dominer le clergé.

Puis Thiers rappelle cet article 11 du concordat qu'on veut toujours oublier. « Les archevêques pourront, avec l'autorisation du gouvernement, établir dans leurs diocèses des chapitres cathédraux et des séminaires. TOUS AUTRES ÉTABLISSEMENTS ECCLÉSIASTIQUES seront supprimés. »

On ne s'en douterait guère aujourd'hui où on fait pourtant mine de dire qu'on applique le concordat en donnant officiellement du Monseigneur à Messieurs les Evêques.

Du discours de Dupin, je retiens ceci tout d'abord ; c'est qu'il y a une différence capitale entre les *associations* qui se forment entre citoyens pour un but déterminé et les *Congrégations* qui forment un être moral, collectif, dans lequel les membres qui en font partie ont abdiqué leur individualité, sont unis par des vœux, soumis à un chef spirituel le plus souvent étranger. Ceci dit pour ceux

qui pensent qu'avec une loi sur les associations on pourra parer aux dangers trop réels
qu'inspirent les congrégations. Ne voyez-vous
pas déjà comment on tourne la loi des syndicats aujourd'hui même pour nous faire des
syndicats catholiques. Or, être catholique
n'est pas un métier que je sache, comme être
Jésuite, ajoute Dupin, n'est pas une manière
de croire, n'est pas un dogme. Il n'est pas
nécessaire d'être Jésuite pour être chrétien ;
c'est une manière d'exister.

« Le caractère le plus saillant de cette société, dit-il, c'est *qu'elle est constituée à l'é-
tranger ; elle a un général qui est étranger,*
et ce général est un despote comme il n'y en
a jamais eu ailleurs au monde.

« Le territoire sur lequel la société prétend
exercer son empire, c'est l'univers entier, c'est
l'univers religieux… et vous mêmes, ce royaume de France, compose en ce moment deux
provinces de la société de Jésus (il en compose quatre aujourd'hui). Les voilà tels qu'ils
sont : *constitués à l'étranger, avec un serment
à l'étranger, une impulsion à l'étranger, le
concours de l'étranger, soit en conseils, soit
en direction.*

« Loin de trouver des raisons pour les tolérer, il y en aurait au contraire de plus fortes
pour les repousser.

« C'est une société militante, active, établie
pour combattre l'hérésie, et vous voulez qu'ils
ne cherchent pas encore aujourd'hui à agiter
la société, au milieu d'un ordre de choses
qui a consacré la liberté des cultes, et c'est à
ce principe qu'ils ont déclaré la guerre.

« Il ont reparu, ils ont *organisé un système d'obsession* autour des évêques. Les *sectaires* de la congrégation se sout établis comme *parti catholique* (comme aujourd'hui). »

Dupin cite alors toute cette affaire Affnaër qui a démontré juridiquement la présence de la congrégation et la fameuse comptabilité de la maison des Postes et demande si le gouvernement restera inactif en présence de ce fait. (N'avons-nous pas absolument les mêmes faits aujourd'hui ?)

« Il y a nécessité, dit-il en terminant, de ne pas se laisser braver par ceux contre lesquels était, en grande partie, dirigée la révolution de Juillet et qui *s'impatronisent chez nous au nom d'une liberté qu'ils détestent ?* »

M. Hébert, de son côté, rappelle un fait que je note, tant il est identique à ce qui se passe aujourd'hui, ce qui m'évitera la peine d'y revenir ; c'est l'organisation des congrégations non autorisées en France. « Il est notoire, dit-il, que les congrégations sont constituées, organisées dans plusieurs villes, qu'elles y possèdent des meubles, des capitaux, des immeubles d'une valeur importante, qu'elles y acquièrent, qu'elles y reçoivent des dons et des fidéicommis, que dans ces maisons un plus ou moins grand nombre de religieux sont réunis, *il y a des oratoires, des chapelles non autorisées, qu'on y célèbre tous les exercices du culte, que beaucoup de personnes y sont admises* (tout comme aujourd'hui), que ces congrégations correspondent entre elles pour le spirituel et le temporel et *sont en relations suivies avec tous les points de la France et de l'étranger.* »

Pas un mot à changer à ce qui se passe en ce moment sous les yeux vigilants de l'administration.

Puis, après avoir montré, histoire à la main, ainsi que je viens de le faire, que toujours et partout, l'ordre des Jésuites a été en guerre avec tout le monde, qu'il a été le provocateur, qu'il s'est montré l'adversaire implacable de toute liberté et *de toute tolérance* religieuse, de toute faculté d'examen et de discussion, que partout où il a pu avoir quelque force il est devenu de suite l'oppresseur de la puissance publique quand elle ne voulait pas obéir à ses exigences. « Aujourd'hui, comme autrefois, dit-il, l'existence en France des Jésuites n'est compatible « ni avec le respect « de nos institutions, ni avec le maintien de « la paix dans les esprits ». Nous n'avons rien à y objecter.

Le gouvernement, au lieu de se conformer au vœu de la Chambre, se mit à temporiser ; il négocia avec le Pape. Le comte Rossi, chargé de ces négociations et devenu premier ministre de Pie IX, fut poignardé juste au moment où il allait obtenir le renouvellement du bref de Clément XIV. La main des Jésuites était encore là. C'est alors que Pie IX qui jusqu'alors s'était montré libéral crut prudent de virer de bord. Il avait, paraît-il, pour cela de sérieuses raisons. La mort de Rossi était un de ces arguments trop touchants pour ne pas être irrésistibles.

Devenu de plus en plus audacieux, les Jésuites rentrent en foule chez nous et bientôt la monarchie de Juillet suivait son aînée dans la fosse où toutes deux n'allaient pas tarder à se donner la main pour essayer de renaître de leurs cendres ; mais aujourd'hui les fossoyeurs n'en veulent plus ; ils ont d'autres visées·

Comme on le sait, nos bons curés furent les premiers à saluer l'avènement de la République de 1848 et à bénir nos arbres de la liberté ; ils avaient leurs raisons pour cela. On connait la tactique dont usa alors le parti clérical, conduit par les Jésuites, pour faire détruire la République par les républicains eux-mêmes en jetant le trouble et la division parmi eux. On poussa aux pires passions et les excitateurs furent les fils de Loyola dont on retrouva les agents parmi les combattants de Juin. N'avons-nous pas retrouvé, du reste, sous l'Empire, un des plus farouches rédacteurs d'un journal démocratique de la Nièvre rédigeant dans le Midi un journal légitimo-clérical ? C'est ainsi qu'on parvint à jeter dans les bras du sauveur une population affolée. La réaction ultramontaine fit rage et on connait les exploits du club royaliste de la rue de Poitiers.

Mais passons. Le rôle des Jésuites sous l'Empire n'est que trop connu et on a pu s'assurer, en examinant les listes de déportation qu'elles frappaient surtout les anti-cléricaux, les adversaires des Jésuites qui profitèrent de l'occasion pour assouvir leurs haines. C'est alors qu'on les vit reprendre avec une activité sans pareille leur système de captation d'héritages et d'accaparement de l'enseignement. De toutes parts, ils envahirent les hautes administrations, la magistrature et l'armée. L'école des postes fit

florès et peu s'en fallut qu'on ne vit renaître
l'heure des billets de confession. Mais ce fut
tout comme.

L'attitude du parti clérical à propos de la
guerre de 1859 et du pouvoir temporel du
Pape ainsi que de nombreuses plaintes sur
des vocations trop hâtives, des captations
d'héritages, etc., forcèrent le gouvernement à
s'occuper, bon gré mal gré, de ces bons pères
et des agissements de la société de St-Vincent-de-Paul qui n'était en somme qu'une
société archi-politique, clérico-monarchiste.
On vit alors, sur les rapports de Dupin et de
de Persigny, que les congrégations avaient
si bien pris leur revanche de la révolution
qu'elles étaient beaucoup plus riches et plus
nombreuses après qu'avant, que ce n'est pas
par millions mais par centaines de millions
qu'il fallait évaluer leur fortune dissimulée
du reste par des fidéicommis, des placements
de fonds à l'étranger et une comptabilité dont
on ne connaîtra jamais tous les secrets. En ce
qui concernait la confrérie de St-Vincent de
Paul elle s'était placée si haut qu'on n'osa même pas publier les résultats de l'enquête qui
démontrait de la façon la plus évidente que
cette société de charité n'était autre, ainsi que
nous l'avons dit, qu'une société politique clérico-monarchique dirigée surtout contre la
libre-pensée, l'esprit moderne et la révolution,
une succursale de la grande Jésuitière, en un
mot.

C'est alors que, pour détourner l'attention
publique, consigne fut donnée sur toute la
ligne d'attaquer la franc-maçonnerie. On sait
si cette consigne fut et est encore exactement

suivie par la papauté et par le parti clérical qui, à l'heure présente, organise un Congrès catholique dirigé tout particulièrement contre cet ennemi qui, on peut en êt e certain, saura se défendre car, en lui, c'est la Révolution, c'est la liberté, c'est la vérité qu'on attaque et qu'on veut détruire. La lutte est donc bien précisée.

Mais, laissons-là l'Empire. On sait à quoi lui servirent ses complaisances pour les Jésuites et pour le parti ultramontain. Il est aujourd'hui dans la fosse commune.

CHAPITRE VII

1870-1896. — La conspiration cléricale. — Les
Jésuites chez nous. — Le complot.

> « La restauration des Jésuites et leur
> impatronisation en France est une
> peste publique. »
>
> Dupin.

C'est ce que nous n'aurions pas besoin de
rappeler plus amplement, tant les avertisse-
-ments qui nous ont été donnés ont été solen-
nels, tant la peste jésuitique nous a causé de
maux depuis trois siècles. Malheureusement
nous n'en avons pas fini avec elle, et, on serait tenté de croire que plus l'affreux mal devient pernicieux, plus nous avons d'égards
pour lui. Inutile alors de rechercher les
causes de certaines décadences de l'esprit
français.

La guerre de 1870, fut, et c'est là un
fait acquis à l'histoire, l'œuvre des jésuites qui, d'une part, craignant de se voir
expulser d'Allemagne par Bismarck, cher-
chaient à lui créer des embarras pour détourner son attention, et qui, d'autre part,
gênés dans leurs projets par certaines vel-
léités libérales de l'Empereur, voulaient

l'occuper à d'autres soins qu'à ceux des affaires extérieures. Une guerre pendant laquelle l'impératrice serait régente, c'est-à-dire pendant laquelle ils règneraient au nom de l'impératrice faisait leur affaire, et la guerre fut résolue dans le saint cénacle.

Inutile de rappeler l'effondrement de l'Empire et le contre-coup qui s'ensuivit pour le trône papal déjà à demi renversé. Rouher avait dit : « Jamais » et à peine avait-il dit, que Rome était enfin à l'Italie.

L'édifice impérial et l'édifice papal couronnés par les jésuites s'écroulaient dans la même boue malgré l'immaculée conception, malgré l'infaillibilité papale. C'était à désespérer du pouvoir du sacré-cœur.

Pendant ce cataclysme, nos bons jésuites s'empressèrent, comme d'habitude, de rentrer dans leur trou, laissant à la République le soin de se tirer d'affaire comme elle le pourrait. Mais quand le gros de la besogne fut fait, quand notre territoire fut délivré de l'invasion prussienne, l'invasion noire reprit son cours et se mit à tirer les marrons du feu. On était alors sous le coup d'un sorte de cauchemar, on sortait d'un rêve effroyable, c'était le moment d'en profiter pour s'emparer des esprits affolés par cette affreuse lutte.

Grâce à son ancienne organisation qui avait encore toutes ses racines dans le pays, le parti des honnêtes larrons parvint à nous doter de ces chambres clérico-monarchistes qui, en attendant la fusion des jeunes et des vieilles branches, voulurent laisser vivre la République... sans républicains. Pour plus de sûreté, du reste, ils la mirent au couvent et la vouèrent au sacré-cœur. Ce grotesque cantique : « Dieu sauvez Rome et la France au nom du sacré-cœur, » devint la Marseillaise de l'ordre moral.

Dieu et l'hystérie ainsi accouplés régnèrent sur la France.

Les Ignaciens, ayant jugé ce moment d'énervement favorable à la réalisation du projet, depuis si longtemps caressé, de mettre la main sur l'éducation de la jeunesse française, firent voter cette loi de 1875 qui leur livrait l'enseignement supérieur. En 1833, ils avaient conquis l'enseignement primaire, en 1850, l'enseignement secondaire par la loi de Falloux, cette fois, c'est l'université qui leur était livrée par ceux qui avaient charge de la défendre.

Dès lors, l'Etat se trouvait dans la presqu'impossibilté de soutenir la concurrence contre ces enseigneurs maîtres de la collation des grades universitaires et des consciences qui ne craignirent pas de déclarer, comme aujourd'hui, « *que c'est se mettre en état de péché grave, de ne pas être absous, que d'envoyer ses enfants à une école neutre.* » C'est-à-dire non congréganiste ? (Semaine catholique, 14e année, page 1068), et voilà des gens qui se réclament de la liberté de cõnscience.

Eh bien, répétons-le une fois de plus, la défense de la religion dont ils se targuent, n'est pour rien dans cette question d'écoles ; mais « *qui tient l'école a tout* » écrivent cyniquement ces prétendus catholiques, (*Etoile de la Vendée*, 30 juillet 1896) et, comme ils veulent *tout* avoir, il leur faut nos écoles,

l'âme de nos enfants, pour avoir la France—
l'aveu est dépouillé d'artifices, et est il bon à
retenir.

Heureusement, la France veillait alors, et un
dieu qui n'était pas celui du sacré-cœur, mais
le dieu de raison veillait avec elle. Ce fut
l'heure des rudes combats contre cet ennemi
qui nous harcelait de toutes parts, contre ce
parti si bien décrit par Paul Bert dans ce
discours du 5 juillet 1876, où il fustigea de si
belle main la morale, le sens immoral des
Ignaciens et dévoila leurs sinistres projets.

A la voix des Gambetta, des Ferry, des
Paul Bert, de tous ces champions de la vérité
et de la loyauté qui n'aiment pas les caffards,
ralliés sous un même drapeau, celui de la
France aux Français, celui de l'humanité et
des droits de l'homme, de l'homme laïque,
on courut sus à l'ennemi, sus au cléricalisme
et on arracha aux souteneurs de Rome la République qu'ils n'avaient que trop gangrenée
par leur immoral contact. Les lois sur l'instruction furent revisées, l'enseignement laïque
établi par des hommes au cœur généreux,
oubliés, il est vrai, aujourd'hui, la magistrature fut, tant soit peu débarrassée des
amis des congrégations en révolte et la France
put enfin respirer quelque peu à l'aise.

Ce n'est pas sans une profonde émotion
que nous rappelons le souvenir de ces glorieuses luttes contre l'ennemi commun, contre ces sans-patrie, contres ces vendeurs
d'oremus qui se faisaient un jeu d'arracher
les bandes qui retenaient nos plaies mal cica-
trisées pour implanter leurs crosses sur nos
ruines.

Inutile de rappeler les mandements épis-copaux pour le bon vote, les bénédictions papales envoyées par *la voix du canon* du haut du Beuvray, les scélérates résistances de toute une moinerie en goguette, nous lan-çant ses foudres excommunicatrices et tachant de refaire une nouvelle Vendée. Mais rien ne put arrêter l'élan républicain et la victoire finit par couronner nos efforts malgré tous les saints cantiques de nos dévotes hallucinées.

Dè lors, nous eûmes l'espoir que la Répu-blique, se débarrassant enfin de l'ennemi qui excitait tous nos troubles, allait marcher d'un pas ferme vers ses nouvelles destinées.

Pauvres espérances, que sont-elles deve-nues ? L'ennemi honni, banni, condamné par toutes nos lois est joyeusement installé chez nous, tout sémillant, tout pimpant, et on pourrait croire que c'est lui qui nous gou-verne, tant il parle avec assurance.

Eclairés, sans doute, par un esprit nouveau, par un nouvel ange Gabriel, nous avons au-jourd'hui pour *bons alliés*, pour amis, les ennemis nés de nos institutions, ceux qui n'avaient rien épargné pour égorger la Ré-publique. La République, nous dit-on, elle aussi, a voulu couronner son édifice par une bénédiction papale, et sa sainteté, pensant que le denier de Saint-Pierre vaut bien une messe, nous a généreusement octroyé sa mule à baiser. Nous pourrions, sans trop de peine, nous croire revenus aux beaux jours du Mac-Mahonnat de sainte mémoire La secte d'Ignace s'en va prêchant, missionnant, commerçant, boursicotant, faisant tout, hors le bien, excitant la haine partout, complotant ouvertement contre nous, sans que nous pipions mot. Saintes gens, ils béatifient Jeanne d'Arc, ils élèvent des statues à Veuillot l'engueuleur, à Nonotte, à Patouillet, ils célèbrent le glorieux anniversaire du baptême de Clovis qui, tout baptisé qu'il fut, assassina chrétiennement, papalement allais-je dire, ses parents, mais se permettait pourtant de trouver que les évêques lui faisaient payer leurs services un peu cher. Et pendant que les goupillons s'inclinent devant nos gouvernants, la nichée noire prenant la garde de notre logis nous montre ses crocs en nous criant :

« J'y suis, j'y reste. »

Eh bien oui, tous ces honnêtes gens qui nous en ont fait voir de si dures au 16 mai, toute cette secte cléricale qui obéit stupidement, servilement au mot d'ordre des fils de Loyola est ici, chez nous, prenant ses ébats sous l'œil paterne de nos bienveillants gouvernants. Déjà même, nous les voyons inscrits sur les listes... *de nos délégations cantonales* au lieu et place des républicains. A quand le tour des évêques ? Si donc nous ne sommes pas tout à fait à la porte, dans tous les cas, on se prépare à nous y mettre.

Comme preuve, du reste que nous ne rêvons pas, montrons sommairement l'installation officielle des jésuites chez nous, installation non déguisée et plus confortable que celle qu'ils avaient quand ils furent chassés par Louis XV ; voyons-les à l'œuvre, s'organisant dans l'ASSISTANCE de France (1). La France est, en effet, sous ce nom, pour

(1) Voir notes à la fin du volume.

l'institut de Loyola, un des cinq gouvernements, c'est-à-dire une des cinq vaches à lait,
entre lesquels il s'est partagé l'exploitation
du monde. Cette Assistance de France se
subdivise elle-même en quatre provinces
gouvernées chacune par un père prinvincial
sous les ordres directs de l'assistant, lequel
n'a d'autre chef que le général des jésuites
avec lequel il confère, une fois la semaine,
des choses de son gouvernement. Cet assistant avait nom,il y a peu de temps encore,le
père Grandidier, vrai général en chef du parti
clérical de France.Inutile de dire que l'assistance de France est celle qui compte le plus
grand nombre de jésuites titulaires, authentiques. Ce nombre était de 2,863, au recence-
ment qui en fut fait lors de la mort du dernier général de l'ordre. Ils sont ainsi répar-
tis : 538 pour la province de Champagne, 886
pour celle de l'Île de France, 777 pour celle
de Lyon et 562 pour celle de Toulouse. Bien
entendu, dans ce nombre ne sont pas compris *les femmes et les petits enfants,* auxiliaires beaucoup plus sérieux qu'on ne le
pense, les jésuites de robe courte, jésuites
amateurs, qui ne sont, ni les moins nombreux ni les moins actifs, les congrégations
d'hommes et de femmes non autorisées qui
en relèvent directement, les affiliés de toutes
robes et de tous rangs, etc., etc. Chaque
province, ai-je dit, a pour chef direct un père
provincial autrement puissant qu'un Evêque
qui confère avec certains personnages consi-
dérables lesquels forment le conseil de ce
parti clérico - monarchiste, dit aujourd'hui

parti catholique, parti international qui a ses ramifications partout ou sont les jésuites.

. Chaque province a ses subdivisions, son administration plus ou moins occulte, ses maisons de commerce, d'enseignement, d'exploitation en tous genres, l'une portant l'autre, ses œuvres, sa milice, cette milice catholique qui commence à descendre dans la rue, ses clos, sa chaire, ses prédicateurs, sa presse et sa caisse — rien n'y manque — pas même les espions avons-nous dit.

Il y a là, en somme, un Etat dans l'Etat, Etat sous la direction d'un chef étranger, Etat bien résolu à se substituer au nôtre, et on dirait que nous n'en savons rien.

C'est dans les officines de cet Etat, dans ces souricières ou Jésuitières comme on voudra les appeler que s'élaborent les plans de campagne les plus raffinés, que se combinent les coups à faire, qu'on calcule les recettes à percevoir, qu'on ordonne les miracles du jour, qu'on indique à la bonne presse le lapin à poser, etc., rien de ce qui peut aider au succès de la bonne cause n'y est oublié.

Toute cette puissante organisation de l'institut de Loyola qui tient aujourd'hui en charte privée clergé et congrégations, qui est le centre du parti clérico-monarchiste, forme ainsi contre nous cette ligue noire que nous ne pouvons désigner sous un autre nom que celui de de ligue de la rapine, ligue du caffardisme contre la religion, de la guerre contre la paix, des éteignoirs contre la lumière, de la haine contre la fraternité. Abêtir l'humanité pour mieux la dépouiller de tous ses biens, de tous ses droits, de toute sa dignité, de son âme en un mot, en faire une éternelle mendiante, voilà ce qu'elle nomme travailler pour la plus grande gloire de Dieu ! Et nous la laissons faire. Et, quand nous démasquons ses projets on nous dit que nous avons la monomanie du Jésuite, que nous calomnions ces honnêtes scélérats qui ne cessent de chercher à nous faire le coup du père François.

Mais continuons à apporter les preuves que nous ne chargeons en rien le tableau, que les Jésuites sont bien chez nous tels que nous les y avons vus depuis trois siècles, ne cessant de perfectionner leur conspiration contre nos consciences, contre le pouvoir civil et de pervertir morale et religion avec une ténacité digne d'une meilleure cause, — ils sont là prêts à nous imposer ce « règne spirituel et temporel de Jésus ». Horrible profanation du nom et de l'enseignement de l'humble Nazaréen qu'ils prennent pour enseigne de leur infâme trafic.

N'est-il pas vrai, tout d'abord, que certain évêque de Madagascar, terre française, appartient à l'ordre des Jésuites ? Ne viens-je pas de lire, qu'au 14 juillet dernier, on a décerné les palmes académiques au père Roblet de l'ordre des dits Jésuites et que ce Révérend père a été proposé officiellement pour la Légion d'honneur ? N'avons-nous pas à Madagascar, des missions et des écoles tenues par des Jésuites ? — Ils nous rendent des services, dira-t-on ? Ils s'en rendent à eux-mêmes, mais à la France, non. Ne connaissons-nous pas l'histoire de leurs mis-

sions ? Et, à ce propos, je pourrais peut-
être trouver le secret de la faveur bien mar-
quée avec laquelle fut accueillie l'expédition
de Madagascar par certain parti qui criait
jadis si fort : sus aux Tonkinois, à bas les
expéditions lointaines. Les Tonkinois avaient
nom Gambetta, Ferry, Paul Bert, etc., ils
avaient été les plus rudes adversaires des
Jésuites, donc ils étaient honnis — pauvre
peuple comme on te berne — mais rentrons
sur le continent : et voilà que je découpe dans
l'*Etoile de la Vendée*, car la Vendée a son
Etoile comme d'autres départements ont leur
croix, dévotes feuilles de sacristie, dévouées
à la sainte vierge, à saint Antoine de Padoue
et à Ignace de Loyola, je découpe, dis-je,
les lignes suivantes extraites d'un discours
prononcé par le frère *Hermogène* (ce n'est
pas moi qui l'ai baptisé), directeur du pensionnat de Saint-Gabriel, de saint Laurent-
sur-Sèvre, à la distribution solennelle des
prix du 23 juillet 1896, en présence de
M. l'évêque de Luçon, de M. Bourgeois, dé-
puté de la Vendée personnages, officiels à
coup sûr, de plus de 200 ecclésiastiques de
divers salariés de l'Etat qui avaient suivi
leur évêque, de 320 éléves dudit pensionnat,
de leurs familles, etc.

« Je suis heureux d'annoncer à votre grandeur et à tous nos amis de bons succès et
une assez riche moisson de diplômès... plusieurs de nos élèves so sont placés dans les
premiers rangs à l'*école vétérinaire de Toulouse* et un autre qui ne nous a quitté qu'en
juillet dernier vient d'être admis aux exa-
mens oraux de l'*école militaire de Saint-*

Cyr avec une majoration de plus de deux cents points (?), et après une année seulement de préparation immédiate *chez les R.P. Jésuites.* »

Pas besoin de commentaires — deux faits précis ressortent des ces lignes : 1o C'est qu'il existe à Saint-Laurent-sur-Sèvre un *établissement ecclésiastique*, autre qu'un séminaire, par conséquent établi en violation du concordat, que cet établissement est spécialement protégé par un évêque et des prêtres qui ont fait serment de respecter nos lois ; 2° que cet établissement dont l'existence est illégale sert de succursale pour ainsi dire à une école plus importante, tenue par des révérends pères Jésuites, école dans laquelle on prépare spécialement des candidats pour Saint-Cyr et autres écoles gouvernementales.

Donc, la société de Jésus est bien chez nous, elle y enseigne tout à l'aise et nous pouvons admettre, sans la calomnier, qu'elle enseigne ses *propres* doctrines que nous connaissons, toutes dirigées contre le pouvoir laïque, contre nos institutions.

Inutile d'ajouter que nous avons, dans chaque département une ou deux de ces écoles congréganistes pour le moins, faisant concurrence à nos écoles d'état, au mépris du concordat, que les écoles tenues par les Jésuites, légalement expulsés, sont nombreuses et importantes, il y en a à Paris, à Poitiers, à Toulouse, à Lille, etc., c'est là que se forment les *étudiants catholiques*, la milice des jésuites, les verdets de l'avenir, le gouvernement sait cela mieux que nous encore et le tolère.

Faut-il d'autres faits ? Il n'y a qu'à lire un « bon Journal » pour en trouver par centaines. Ainsi je lis par exemple dans le *Gaulois* du 30 août 1896 l'entrefilet suivant : « Les Bretons-bretonnants de Vaugirard, Grenelle et Plaisance se réuniront demain dimanche à deux heures et demie dans la crypte de l'église Saint-Lambert de Vaugirard, sous la présidence du réverend père Rivalain, *Jésuite directeur de l'Œuvre* qui prononcera une allocution. »

Nous avons donc non-seulement des écoles tenues par les Jésuites pour y préparer les fils de famille à envahir nos écoles et à les infecter des doctrines de la compagnie de Jésus, mais des *Œuvres* dirigées par les Jésuites, et on sait le but de ces œuvres, on sait ce qu'elles ont produit, — et, avec ça, que les Bretons même non bretonnants ont besoin d'être prêchés par les ignaciens et ne sont pas déjà assez fanatiques et assez superstitieux comme ça. Il est vrai, et c'est de Maistre qui l'a écrit, qu'enlever à un breton, à l'homme simple, ses superstitions, c'est lui enlever sa foi, ce qui pourrait donner à penser que superstitions et religion ne font qu'un. Nous comprenons alors le soin qu'on met à les maintenir, à les renforcer.

Je pourrais multiplier les preuves de l'envahissement de Jésuites, qu'on signale tout particulièrement en 1893 dans le Dauphiné, dans la Somme, etc. ; je pourrais citer au besoin les noms de leurs maisons de commerce, de boutiquerie en tous genre, mais à quoi bon, tout cela est connu de ceux qui ont charge d'y mettre ordre, je me contente d'un fait qui me tombe à l'instant sous la main, c'est la réinstallation à Nantes, ces jours derniers, des *Ermites de Saint-Augustin,* un des quatre ordres mendiants disparus depuis un siècle.

Pourquoi donc se gêneraient-ils ces mendiants qui roulent carosse puisqu'on leur ouvre toutes grandes les portes de la maison dont nos pères les avaient chassés avec tant de raisons ? Aussi accourent-ils à grandes enjambées pour se ruer sur les cadavres de la raison, pour assister sans doute à la glorification de Marie Alacoque ou d'une hystérique quelconque.

Tout ce monde se faufile à l'envi qui, dans la magistrature, ce sont des magistrats qui l'ont dit en pleine tribune même, car il nous en reste encore heureusement et des plus dévoués, qui dans les grandes administrations, dans nos grandes écoles, dans les grandes compagnies, qui dans l'armée, envahissant tout, de telle sorte qu'on peut affirmer que la société de Jésus tend à redevenir aujourd'hui, la placière universelle — ainsi le veut St-Antoine de Padoue.

Que les jésuites, que tout ce monde noir qui marche avec eux, que toutes les congrégations non autorisées qui ne sont que des succursales des Jésuitières, se moquent de nous et de nos lois de la meilleure façon, ce sont des faits tellement indéniables, qu'il n'est pas besoin d'en apporter d'autres preuves, elles courent les rues, du reste, sous toutes sortes de formes et de costumes. Ce que out le monde connait : en outre aussi bien que nous, ce que nos mandataires doivent connaître mieux que nous, c'est le Saint commerce auquel se livrent ces gens qui ont fait vœu de pauvreté, riches à plusieurs milliards, et qui ne peuvent pas même, les pauvres, payer leurs impôts ; aussi n'insisterons-nous pas sur ce sujet sacré — tout y est matière à commerce et il n'est jésuite qui ne puisse rendre des points, sous ces rapports, au plus habile de nos camelots, honnêtes gens, à coup sûr, à côté des négociants bondieusarts — que serait-ce, si j'entrais dans les détails de cette friperie non patentée vendue pourtant à beaux deniers comptants, de ces images miraculeuses, de ces morceaux de bois de la « vraie » croix, de ces saintes reliques qui vous préservent de tous les maux qui ne vous adviennent pas, qui vous procurent toutes les grâces possibles, dans un autre monde. Nous ne parlerons pas non plus de ces associations commerciales, de ces maisons commanditées, de tout ce commerce interlope qui se pare du voile de la charité, qui se décore du nom d'œuvres pieuses, de ces œuvres catholiques qui vont se multipliant chaque jour sous les noms et sous les prétextes les plus divers ? Aujourd'hui, tout n'est-il pas à la catholique. Et pourquoi cette étiquette pseudo-religieuse sur un commerce des plus profanes, si ce n'est pour mieux tromper le crédule client, pour mieux dissimuler une audacieuse manœuvre politique ? Il y en aurait long à dire aussi sur certaines comptabilités, par trop fantaisistes, qui ont pour but de ne pas rendre à César ce qui est à César ; mais tout cela n'est-il pas connu de tous ?

Quelle odieuse fantasmagorie religieuse que tout cela ! quel abominable, quel impie trafic de cette chose qui ne se vend pas, la religion ! et on s'étonne que la foi disparaisse ; mais qui la tue si ce ne sont ces marchands que Jésus chassait du Temple à grands coups de fouet ? que dirait-il aujourd'hui, lui qui donnait tout, en voyant son nom servir d'enseigne à la raison commerciale :

Ignace, père et fils et compagnie.

Jésus et les jésuites, comme s'il pouvait y avoir entre eux, la moindre ressemblance ! Jésuitisme et religion, quel accouplement impie ! mais passons et laissons encore de côté cette autre branche de commerce qui joue un si grand rôle dans ces moyens d'exploitation et d'abêtissement qui tout partie de l'arsenal de la société de Jésus, je veux parler de cette médecine miraculeuse, renouvelée des Grecs et des Latins, à laquelle on peut trouver un semblant de religion en raison de la confusion établie entre la croyance superticieuse au surnaturel et la religion qui n'ont en réalité rien de commn. Tout ce trafic est pour nous le signe incontestable de cet état de décrépitude qui atteint tout ce qui vieillit ; hommes, arts, religions et qu'on nomme le retour à l'état d'enfance, sorte de maladie mentale sur laquelle nous n'avons pas à nous étendre. Le fétichisme actuel avec tous ses dieux qui vont se multipliant, ses gris-gris, ses escamoteurs, ses faux voyants, ses terreurs enfantines, ses exploitants sans vergogne, sont l'indication indiscutable d'une religion tombée dans son enfance ; mais si ce n'était que ça.

Détournons donc nos regards de ce triste spectacle pour en revenir à notre fait, à celui de l'existenc illégale, mais trop réelle, des Jésuites chez nous et signalons les dangers du complot qui s'ourdit en ce moment même contre nos institutions, avec la quasi-complicité de ceux qui ont mission de les sauvegarder, et, s'il faut dire le mot, sous la direction, sous la surveillance de cette papauté devenue aujourd'hui l'amie de la République, comme elle l'a été des rois; car enfin, cette grande amitié de la papauté pour la monarchie, pour ses chers fils, on la connait, on doit pourtant savoir ce qu'elle leur a rapporté cette amitié de parasites, vivant à nos crochets, quand ils ne faisaient pas pire. Quels liens sérieux, du reste, peut-il y avoir entre les anathématiseurs du syllabus, entre les avocats du diable et les défenseurs de la science et de la raison ? Chacun à sa place, — eux avec leurs dieux et *nous, chez nous.*

Nous disions donc que ces embrassades, que ce ralliement à la République ne faisaient que cacher un complot des plus dangereux qu'ourdit, en ce moment, sous nos yeux, contre nous, l'institut de Loyola que nous laissons en paix en tisser toutes les trames. Ce complot a pour but, et c'est écrit sur toutes les *croix*, sur toutes les feuilles à la dévotion des jésuites, non pas une restauration immédiate de la monarchie, on n'oserait, mais une restauration clérico-religieuse qu'on a dénommée : *le règne temporel et spirituel de Jésus*, c'est-à-dire de la société de Jésus. Les massacreurs de la Saint-Barthélemy, qui parlent de faire régner Jésus ! n'est-ce pas le comble de l'outrage à l'adresse de celui qui a dit : mon royaume n'est pas de ce monde ?

Dans ce discours du 5 juillet 1876 que j'ai cité plus d'une fois, discours dans lequel il avait si bien fustigé l'immonde morale et démasqué la tactique et les ambitions du parti clérical, Paul Bert avait dit : « Les Jésuites, le parti clérical qui est leur expression ont commis une faute politique, ils se sont attachés à un parti dont le nom est peu populaire. Ils ont commis cette suprême maladresse.

« Ce parti a sombré. Le danger n'est plus de ce côté, il est *du côté de l'avenir ; le danger c'est de les voir devenir républicains*, c'est de les voir dénoncer une alliance dangereuse, rompre avec la vieille monarchie et se débarrasser de cet ancien régime qui leur servait de masque, de signe aux yeux des populations ; mais il nous suffira d'avoir démasqué à l'avance ces menées, de les avoir signalées à la généreuse et sage population française. »

Les jésuites ont compris la leçon et mis l'avis à profit et, nous avons pu voir comme une sorte de désarmement officiel du parti clérical : les crosses de nos évêques se sont abaissées, en paroles, devant nos gouvernants qui, eux, ont complètement oublié les paroles de Paul Bert et le danger qu'il signalait si patriotiquement pour le jour ou le jésuitisme se couvrirait du masque républicain. Au lieu de chasser ces masques, de leur signifier que le carnaval qui durait depuis

trop longtemps était fini, on leur a ouvert
nos salons et ils n'ont pas tardé à jouer, avec
une audace sans pareille, cet effroyable jeu
que nous ne connaissons que trop, des chats
enfarinés preneurs de souris, qui ne leur
réussit que trop bien. Ils ont trouvé des com-
pères et des complices dans le parti révolutionnaire anarchiste qui leur a emprunté
leur morale : « la fin justifie les moyens » et
nous avons pu voir, tout d'un coup, le péril
rouge, comme en 1849, venir épeurer la bour-
geoisie, troubler les esprits et nous faire oublier le péril noir. Rien n'est plus facile que
de remarquer, du reste, la façon dont l'un
alterne avec l'autre, tous deux se prêtant un
mutuel secours. Et, pendant qu'on s'occupait de l'anarchie, pendant qu'on songeait à
reconstituer les ministères tombés sous les
coups de savantes coalitions, à se débrouiller
au milieu d'un chaos arrangé à plaisir, on
oubliait nos bons apôtres ; mais ils ne s'ou-
bliaient pas, et sans perdre de temps, ils se
mettaient à bâtir écoles sur écoles, à reconstituer leurs *œuvres*, à organiser partout le parti
clérical, ils nous enlaçaient, comme jadis,
dans un réseau de sociétés, de confréries, de
congrégations, d'œuvres saintes dont il n'est
que temps de se dépétrer aujourd'hui si nous
ne voulons pas rester pris dans la toile si
savamment tissée pour nous engluer.

C'est alors qu'on vit se reformer, se multiplier cette presse à l'enseigne du christ sur
la croix qui, prenant son mot d'ordre dans
les jésuitières, ayant pour rédacteur nombre
de prêtres qui laissent là la sacristie pour la
politique, pour appui toute la jésuiterie mas-

culine et féminine se répand dans tous les recoins sous le couvert de la religion. C'est cette presse qui mène campagne à propos de tout et de rien contre nos institutions s'efforçant de baffouer la République et de discréditer nos gouvernants, presse qui élève des statues à Veuillot l'engueuleur, qui glorifie Ignace et qui fait à nos écoles laïques la guerre qu'on sait.

C'est sur le mot d'ordre parti des jésuitières qu'elle organisa cette odieuse campagne contre les juifs qu'elle dénonçait à la vindicte publique, campagne perfide, cruelle, anti-patriotique surtout, qui ne visait à rien moins qu'à une nouvelle révocation des Edits de pacification et qu'on doubla ensuite d'une campagne contre les protestants — les Juifs étaient riches, ils avaient des banques qui gênaient les banques catholiques, qui leur empêchaient de s'emparer du marché français, donc les juifs devaient être sacrifiés : il fallait faire peur à Rothschild et aux banquiers juifs. Mais il y avait encore à cette atroce dénonciation d'une partie de la nation contre l'autre, une autre raison, une raison toute politique. Les Juifs, par reconnaissance pour le gouvernement qui leur avait pour ainsi dire rendu leur dignité humaine et une patrie en faisant d'eux des hommes comme les autres, jouissant de leurs droits civils, pouvant exercer librement leur religion, s'étaient, ainsi que les chrétiens protestants, fidèlement attachés à la République. — Eh bien ! il fallait essayer tout d'abord d'obtenir du gouvernement quelque mesure de rigueur contre eux, de les chasser de nos administrations pour mettre à leur place des créatures à eux, puis de les forcer, en ameutant les masses contre eux, à abandonner la République et au besoin à quitter la France — autant de perdu pour nous; autant d'enlevé à nos forces républicaines : tel était le calcul de nos bons « alliés », de ces ignobles caffards.

Les masses faillirent un instant mordre à l'hameçon, je ne sais même pas si certaines feuilles, dites républicaines, ne s'associèrent pas, et pour cause, à cette sauvage aggression contre des français, partant des jésuites, d'étrangers bannis par toutes nos lois ? N'y avait-il pas là l'excitation bien caractérisée à la haine des citoyens les uns contre les autres, excitation qui aurait dù suffire à nos gouvernants pour leur faire enfin exécuter les lois contre l'institut de Loyola ? Il n'en fut rien — je pourrais rappeler à propos de cette guerre contre les juifs, que Jésus était juif, juif pratiquant, qu'il assistait religieusement à la fête des tabernacles, que c'est en allant faire sa Pâque qu'il fut appréhendé, que ses apôtres étaient juifs, que son père, le débonnaire Joseph, était juif, que sa mère, Marie, la vierge immaculée, mère de plusieurs enfants, c'est écrit en toutes lettres dans les Evangiles, était juive judaïsante, que les livres saints sur lesquels repose tout l'échafaudage catholique sont juifs, que le décalogue, ces commandements du Dieu qu'outragent chaque jour les jésuites, nous viennent du juif, et que, par conséquent, le plus simple devoir de piété filiale impose à ceux qui se parent du nom de serviteurs de Jésus, le respect des juifs; mais à quoi bon parler patriotisme, respect filial, religion à Messieurs les jésuites ? ils ont bien autre chose en tête.

Je ne dirai rien de la guerre de cette même presse « catholique » contre la franc-maçonnerie ; je me contenterai de rappeler les lignes suivantes qu'on trouve inscrites en vedette sur certaines de ces bonnes feuilles « LA » FRANC-MAÇONNERIE VOILA L'ENNEMI. — La » franc-maçonnerie arme une presse anti» chrétienne : vous, de votre personne et de » votre argent, aidez, développez, protégez » la presse catholique. (Encyclique du sou» verain Pontife Léon XIII, 8 décembre » 1892) ».

Il paraît du reste que nous venons d'avoir une autre encyclique du même genre et de la même provenance — ce bon pape, notre cher allié, aime tant la liberté et la République qu'il ne peut se lasser d'en anathématiser les défenseurs : de pareilles attaques nous honorent trop et nous donnent trop raison pour que nous insistions sur ce sujet. Rappelons pourtant que c'est la franc-maçonnerie qui a donné à la République, à l'humanité cette devise qui a fait le tour du monde : « Liberté, Egalité, Fraternité, Solidarité, » que c'est par elle que *tous* les cultes ont été reconnus libres sous l'empire de la loi, que *tous* doivent d'être égaux, que *tous* doivent de vivre fraternellement ensemble, jusqu'au jour où ils n'en formeront plus qu'un, celui de la morale, celui de la solidarité universelle qui unira tous les hommes.

Or, que disent les papes et les jésuites ? mort aux cultes non catholiques, et ils l'ont assez prouvé ; c'est offenser le catholicisme que de lui égaler un culte quelconque (encyclique de Léon XIII) — guerre à l'hérésie — on comprend, dès lors, pourquoi le jésuitisme fait la guerre à la franc-maçonnerie qui veut l'amour du prochain et la paix universelle.

Mais ce n'est pas tout, comme le but avéré des jésuites et du parti clérical, est de nous ramener au gouvernement des curés, au bon vieux temps des dîmes, de toutes les saintes bondieuseries, des bûchers pieusement allumés par les rois et bénis par les évêques, il faut, pour nous faire avaler pareille pilule, pour nous faire faire en arrière toutes les étapes que nous avons eu tant de peine à faire en avant, il faut nous ramener, ainsi que le disent ces honnêtes gens, à la simplicité des âges de foi, au bon vieux temps où on égorgeait pieusement son voisin pour la plus grande gloire du dieu qu'on venait d'avaler, bouche ouverte, en fermant les yeux.

Pour arriver à ce résultat, il ne faut pas un jour et les jésuites ont merveilleusement calculé leur affaire à cet égard : non contents de chercher à nous enlever nos enfants pour les imprégner de leur esprit, ils ont habilement cherché dans la religion un moyen de nous abêtir et, trouvant que le vieux catholicisme n'y suffisait pas, ils ont imaginé cette nouvelle religion, devenue aujourd'hui le couronnement du catholicisme, que nous ne saurions mieux nommer que du nom qu'ils lui ont donné, la religion du sacré-cœur, religion qui n'est autre chose que le paganisme le plus honteux, qu'une affreuse religion des sens, et c'est l'avis de plus d'un prêtre catholique.

Il faut dire, du reste, que, pour y arriver, nos bons jésuites ont commencé, et on ne pourra prétendre le contraire, par amener de gré ou de force, mais bien plus de force que de gré, le clergé catholique français qui s'honorait jadis de son gallicanisme, à n'être plus qu'une sorte de clergé romain, de clergé italien, clergé pourri, gangrené jusqu'au os.

De là, ces dévotions à la sainte vierge qui tient les clefs du Paradis et en ouvre la porte au prix d'une lampe, d'un bout de chandelle, de la récitation d'un chapelet des dix plaisirs ou d'une douzaine d'*ave maria*, de là ces cantiques affolés, ces miracles, ces apparitions de madones dans tous les recoins où le saint commerce peut le plus fructueusement s'exercer : mais ce n'était pas assez, on se lasse de tout, de Notre-Dame des Anges, de Notre-Dame des Victoires et de toutes les Notre-Dames de toutes les joies, y compris de celle de Lourdes. Nos dévotes s'endorment même, dit-on, au sempiternel récit des visions de Bernadette, de Mme Paillasson, des apparitions du brillant officier de... mais qu'allais-je dire, moi qui ai eu le bonheur de voir, de mes yeux, à Lourdes, et Bernadette, et la grotte, etc...

Il fallait renforcer ce culte, adjoindre à la vierge d'autres vierges plus jeunes, et on eut ce culte des lubriques combats de Marie Alacoque, avec son Jésus qui lui arrachait son cœur pour lui substituer le sien, etc., etc. Et ce culte fait miracles sur miracles, rapporte, veux-je dire, pièces blanches sur pièces blanches et va augmentant chaque jour le nombre des hystériques ; puis est venu où revenu Saint-Antoine de Padoue, celui qui faisait retrouver les aiguilles de nos grands-mères et qui, aujourd'hui, accorde à qui veut, pourvu qu'on y mette le prix, toutes les grâces qu'on lui demande, place des garde-champêtres, de commis de ministères etc., etc., et fait même payer les débiteurs véreux. Toutes les plus grossières superstitions qui dépassent à coup sûr ce que purent inventer les prêtres féticheurs sont aujourd'hui mises en réquisition pour arriver à l'abêtissement calculé de notre France. Et c'est ainsi que nous avons vu fleurir toutes ces pantalonnades plus grotesques les unes que les autres qui ont pris nom, centenaire des croisades, anniversaire du baptême de Clovis, toutes ces processions qui *font marcher le commerce*, a-t-on dit, et reculer la lumière.

Pour couronner cette œuvre jésuitique de la marche en arrière, on nous lance aujourd'hui les voyants, les voyantes, les prophétesses, les sorciers : tout y passe, comme au bon vieux temps. On sort des bazars de la sainte société toute cette friperie des *âges de foi*, de soumission au prêtres sur laquelle on compte pour achever l'anéantissement dans les consciences de tout sentiment religieux, de toute idée morale et la remplacer par le doigt du curé.

Pour que rien ne manque à ce complot si savamment organisé pour la ruine de la liberté, pour éteindre en nous toute lumière, on fait déclarer, par la bouche même d'un académicien, la banqueroute de la science ! Oui, comme l'écrit mon ami Vauchez : « M. Brunetière, l'académicien, a découvert, après

une audience du pape que la science n'a pas
résolu le problème de l'inconnu. Hélas, il a
raison, et si, la solution de ce problème tarde
tant, ne serait-ce pas grâce aux entraves que
s'efforce d'y apporter depuis des siècles
l'obscurantisme systématique des papes et
des jésuites, les maîtres des papes ; pour
cela, ils ont fait couler des flots de sang, al-
lumer des bûchers et neutralisé autant qu'ils
l'ont pu, la puissance d'initiative des cer-
veaux qui, dans leur zône de domination,
manifestaient quelque velléité d'indépen-
dance morale et de libre pensée. »
(Vauchez : *la banqueroute de la science et la
faillite de l'instruction publique.*)

Eh bien oui, voilà que tous ces excellents
banqueroutiers, en attendant qu'ils puissent
brûler nos bibliothèques et nos livres par
la main du bourreau, déclarent sans vergogne la banqueroute de la science. On n'est
pas plus Jésuite que cela, pouvons-nous dire.
En attendant ce retour au bon vieux temps,
ils brûlent, à qui mieux mieux, tous les documents et ouvrages qui peuvent rappeler leurs
crimes, jeter un jour quelconque sur leurs
hauts faits de jadis et ils ne diront pas
non. Ils faussent notre histoire et l'écrivent
à la façon du père Loriquet, ils *expurgent*
nos livres comme ils ont expurgé la morale
et la religion, à la façon d'Ignace.. Mais détruisez, détruisez, bons pères, il viendra un
jour où les pierres elles-mêmes se lèveront
pour parler contre vous, pour vous dire que
vous avez voulu tuer l'âme de l'humanité
pour l'empêcher d'aller dire vos crimes au
Dieu que vous ne cessez d'outrager.

Oui ce que vous voulez, ce que vous complotez, ce n'est pas seulement de tuer la République, mais de tuer notre âme, l'âme de la France dont la loyauté vous fait peur, c'est d'assassiner, ainsi que vous l'avez déjà fait, la science, la conscience; c'est d'étouffer dans l'homme ce sens vraiment religieux qui n'a pas besoin de culte officiel, pas besoin de vos prières salariées, qui nous met en communication avec l'infini, qut nous aide à comprendre les lois qui gouvernent les mondes, qui nous fait aimer notre prochain, même dans ses erreurs, qui nous fait l'aider, le servir, qui nous fait fuir le mal, car « le mal amène le mal » comme l'a encore dit avec une si haute raison mon ami Vauchez. Le mal amène le mal, voilà une loi morale par excellence qui nous conduit droit à ces lois de solidarité universelle qui existent entre les hommes, entre toutes les créatures, entre les mondes eux mêmes et qui sont telles qu'un acte quelconque a son contre-coup ailleurs.

« Faites le bien, la conséquence sera le bien. Faites le mal, la conséquence sera le mal » et c'est pourquoi nous demandons qu'on arrache enfin ce masque religieux dont se couvrent les prêtres, dont se couvre la compagnie de Jésus qui a tout faussé et qui menace de nouveau de nous faire perdre les fruits de notre patient labeur. Il y va pour nous de la paix, du bonheur, de l'honneur de la France qui veut marcher à la tête de l'humanité.

Qu'attendons-nous donc pour faire respecter nos lois, pour mettre fin aux complots de la sinistre bande des fils de Loyola qui a volé jusqu'au nom de Jésus?

CHAPITRE VIII

Le Congrès de Reims. — Le parti catholique, ses
prétentions. — Paix ou guerre.

Comme j'écrivais ces lignes et que j'étais à
me demander avant de les livrer à la publi-
cité si parfois je n'avais pas calomnié les intentions de ces bons Jésuites, si je n'avais
pas exagéré le péril et accusé à tort nos
gouvernants, de manquer de prévoyance, le
parti catholique tenait ses grandes assises
à Reims. Comme on le sait, ce parti qui tient
à s'affirmer de plus en plus et à porter, dans
l'espoir d'un meilleur succès, la lutte politique sur le terrain religieux, avait voulu profiter de la grotesque fête dite de la célébra-
tion de l'anniversaire du baptême de Clovis,
pour tenir un grand congrès à Reims et y
affirmer ses prétentions de domination sur
la société civile, en même temps que l'union
du catholicisme et du régime du droit divin.
C'est à ce fameux baptême, il n'est pas besoin de le rappeler, que nous devons d'être
encapucinés depuis 14 siècles et d'avoir
dans l'Etat le gouvernement de Rome, celui
que les curés prétendent mettre au-dessus
du gouvernement civil.

Or, ce qui s'est dit dans cette royale et
cléricale assemblée, nous donne trop raison
sur tous les points, pour que j'aie à regretter

ou à retrancher un seul mot de ce que j'ai écrit ; je n'ai donc qu'à terminer en adjurant nos gouvernants de vouloir bien enfin ouvrir les yeux sur le péril clérical qu'on leur signale, du reste, de tous côtés.

Messieurs les Jésuites, je parle des Jésuites authentiques et de leurs représentants officiels, ont assisté en nombre à ce congrès, ab-solument comme si tous les décrets d'expulsion qui les frappent avaient été rapportés ou n'avaient jamais existé ; qui plus est, non contents d'avoir ainsi témoigné, publiquement, hautement, par cet acte de présence du mépris dans lequel ils tenaient nos lois, ils ont exposé, sans qu'il y ait eu la moindre protestation de la part d'un cardinal ou d'autres sommités du clergé payé par la République et à l'obéissance des lois de laquelle ils ont prêté serment, des doctrines qu'ils ont dit être celle de l'Église catholique, du pape par conséquent, doctrines en opposition avec celles de la déclaration de 1682, et du concordat qui régissait nos rapports avec l'église catholique ; c'est là un fait significatif à retenir, car il prouve la connivence de notre clergé, d'une partie du clergé, tout au moins avec les Jésuites.

Après avoir, en effet, traité, comme il convient, entre bons catholiques, la franc-maçonnerie, la libre-pensée, le socialisme laïque, la société laïque, etc, etc., le révérend père Gaudeau a ainsi défini les prétendus droits et devoirs du parti catholique.

1° En face d'une société catholique, l'église a *le droit et le devoir, d'exiger que,* dans la constitution civile de cette société, aucun principe ne soit de nature à violer les principes *du droit chrétien.*

2º La Société a le droit et le devoir de *professer* OFFIGIELLEMENT, dans la personne de ceux qui la dirigent et la gouvernent, sa foi et son culte.

3º La législation de la loi civile doit *respecter en tout les droits et privilèges* de l'église.

4º La société civile doit défendre l'Eglise, si elle est menacée et *réprimer* tout ce qui pourrait lui porter atteinte.

5º Quand les matières tombent à la fois sous le contrôle de la société civile et sous celui de l'Eglise, L'ÉGLISE POSSÈDE UNE AUTORITÉ SUPÉRIEURE A CELLE DE LA SOCIÉTÉ CIVILE.

Enfin, comme conclusion de son discours, le père Gaudeau a prononcé les paroles suivantes :

« Si les catholiques laissent se constituer « l'Etat laïque, ils périront. Il faut, A TOUT « PRIX, reconstituer l'Etat chrétien.

« En fait de liberté, qu'ont les catholiques « en France? Rien, que doivent-il avoir? « TOUT. »

De pareilles prétentions, ai-je besoin de le dire, se passent de commentaires, car c'est le plus audacieux défi qu'on puisse jeter à notre gouvernement, à nos institutions et à la Société civile; c'est plus qu'un défi, c'est une insolente provocation qu'on adresse ainsi à la France libre de par la révolution.

Inutile donc de faire remarquer que le culte officiel du catholicisme, que tout culte officiel a été aboli avec juste raison

comme contraire à la liberté de conscience
de tous, que l'Eglise catholique qui n'est pas,
du reste, l'Eglise chrétienne qu'elle n'a cessé
de persécuter, n'a et ne peut avoir aucuns
droits supérieurs à ceux des autres Eglises
et de la Société civile et qu'il n'y a aucune
raison pour qu'elle ait des privilèges particuliers ; que, sans discuter le dogme catholique, tout le monde, tout le monde qui
pense, est d'accord sur la fausseté de ce
dogme, sur ses erreurs, sur l'absolue ina-
nité des titres imaginaires sur lesquels cette
église base ses prétentions et celles de la papauté, qu'en conséquence tous les droits et
devoirs de la Société civile en ce qui concerne les religions consistent à assurer à chacun sa liberté de conscience, et à maintenir
tous les cultes sur le même pied d'égalité et
dans le respect absolu des lois.

C'est là ce que messieurs les Jésuites n'ad-
mettent pas ; ayant ou croyant avoir recons-
titué leurs forces, grâce à la tolérance qu'on
a eu pour eux, grâce au silence fait sur leurs
agissements, silence qu'on ne saurait trop
sévèrement qualifier, confiants qu'ils sont
dans le je m'en foutisme de certaines gens
qui, peu soucieux de ce qui se passe, ne cherchent qu'à savoir de quel côté tourne le vent.

Spéculant sur les embarras du gouvernement, comptant sur leurs créatures, sur ces
pions qu'ils ont poussé dans toutes les
carrières, ils n'hésitent pas à essayer de provoquer un conflit duquel pourrait sortir une
guerre civile ou autre dont ils pourraient tirer profit.

C'est là, du reste, leur tactique habituelle, c'est le retour périodique du mal de St-Ignace, du mal papalin, pourrions-nous dire avec toute raison. Il n'est donc que temps de prendre toutes nos mesures pour y parer et la première à prendre, c'est de faire exécuter nos lois : elles existent, elles sont applicables, elles ont été faites par des hommes qui avaient à un degré aussi élevé que nous le sentiment du devoir, du bien de l'Etat, des nécessités de la politique ; nous n'avons donc pas à hésiter un seul instant, car toute hésitation serait non seulement une faute, un manque de respect pour les hommes courageux auxquels nous devons nos libertés civiles, pour cette France de Pascal, de Voltaire, de Gambetta, mais ce serait une véritable trahison, un abandon complet de nos droits, de nos lois, de nos libertés, qu'on agisse donc et le plus vite sera le meilleur. Les Jésuites ont dupé tout le monde, trahi tout le monde, vous laisserez-vous plus longtemps duper et trahir par eux ?

Nota. — En parlant de nos gouvernants, je n'incrimine pas plus un ministère qu'un autre ; depuis les décrets de 1880, tous, modérés ou radicaux, ont montré la même faiblesse à l'égard des révoltes du parti clérical, c'est donc à l'ensemble que je m'adresse et non à aucun en particulier ; c'est surtout à nos mandataires que je rappelle qu'ils ont charge d'exiger de tous le maintien du respect des lois dans toute la mesure du juste et du possible. A l'œuvre donc et, sans retard, les Jésuites à la porte.

Lucien Guéneau.

APPENDICE

Deux mots sur l'organisation
de la sainte compagnie

Le corps des ignaciens se compose de novices qui subissent au moins deux années d'épreuves et ne font partie de l'ordre que quand ils deviennent *coadjuteurs spirituels*; puis viennent les *Profès des troix vœux* qui ne sortent pas directement des jésuitières, mais que la compagnie s'adjoint après un certain temps d'exercice quand elle a reconnu leurs talents et le bon parti qu'elle peut en tirer, au dessus de tous sont les *Profès des quatre vœux*, les jésuites parfaits — il est certain en outre qu'à coté d'eux se trouvent des affiliés qui peuvent même être mariés et jouissent de toutes les prorogatives de l'ordre, au ciel surtout — on compte des princes, des rois même au nombre de ces affiliés.

Cette milice est dispensée des jeûnes et

n'est pas astreinte à la vie ordinaire des moines, prière en commun, offices du matin, etc., en raison des services spéciaux auxquels elle est destinée. Les ignaciens ont pour chef un général qui a pouvoir absolu sur les personnes et sur les biens de l'ordre. Il est nommé à l'élection et réside à Rome. Il a, à coté de lui un *socius* ou compagnon, ou admoniteur et un conseil d'administration composé de 13 profès parfaits et dix coadjuteurs spirituels — de ces profès, cinq sont gouverneurs d'une des assistances de la société. On sait, pour l'honneur de la France, qu'elle n'a pas encore donné un général aux jésuites. On se méfie du français dans l'ordre comme au Vatican.

Depuis que le gouvernement italien s'est installé à Rome et a mis la main sur le magnifique couvent du Gésù qui a donné son nom à la compagnie, le général est établi à Fiesole.

En 1848, on ne comptait plus guère que 5,000 jésuites authentiques ; en 1861 ce chiffre s'élevait à 8,000, dont 2,283 pour la France seulement, à la mort du dernier pape noir, leur nombre s'était encore accru et dépassait à 13,000 religieux, dont 2,863 pour la France seulement. C'est notre pays qui en compte le plus.

Le monde à gouverner est partagé par
eux en cinq assistances, subdivisées elles-
mêmes en provinces.

Assistance d'Italie

Provinces	nombre de religieux.
Romaine	397
Napolitaine	312
Sicilienne	247
Turinoise	453
Vénitienne	355
Total.	1.764

France

Champagne	538
Ile de France	886
Lyon	777
Toulouse	662
Total.	2.863

Germanie

Autriche-Hongrie	642
Belgique	935
Galicie	374
Allemagne	1.069
Hollande	450
Total.	3.470

Espagne

Aragon	945
Castille	869
Portugal	265
Mexique	123
Tolède	428
Total.	**2.630**

Angleterre

Angleterre	585
Irlande	967
Maryland	504
Missouri	403
Canada	240
Nouvelle Orléans	195
Zambèze	53
Total.	**2.947**

La France dessert les missions de Chine, de Syrie et celles de Madagascar.

Tel est le chiffre des jésuites portant l'habit et attachés spécialement à l'ordre, mais nous ne connaissons rien du nombre des affiliés, des jésuites indirects, de tout ce qui est rattaché à l'ordre, hommes et femmes par un lien et un titre quelconques et parfois même sans s'en douter — ce chiffre va s'étendant chaque jour et comprend aujourd'hui tout le parti clérical ultramontain.

Quelle est leur fortune ? On l'ignore, mais elle est énorme, elle consiste surtout en valeurs au porteur que ces commerçants s'entendent à faire valoir de toutes façons. On sait qu'ils commanditent non-seulement des journaux, mais des maisons de commerce, des banques, etc. A coté de leur caisse est celles des congrégations et la grande caisse noire, caisse que ne cessent de remplir les sacrés-cœurs, la Sainte-Vierge, Saint-Antoine de Padoue et qui sert à tous les besoins de la bonne cause.

NOTES

I

Le Portrait d'un vrai jésuite. Le pére Letellier confesseur de Louis XIV, peint par le duc Saint-Simon.

« Confit dans les maximes et dans la politique de sa société autant que la dureté de son caractère pouvait s'y plier, il était profondément *faux, trompeur, caché sous mille plis et replis* et, quand il put se montrer et se faire craindre, exigeant *tout*, ne donnant rien, se moquant des paroles les plus expressément données lorsqu'il ne lui importait plus de la tenir et poursuivant avec fureur tous ceux qui les avaient reçues. C'était un homme terrible qui n'allait à rien moins qu'à la destruction à couvert et à découvert. »

Or, il faut bien dire, le portrait d'un, c'est celui de tous — renards et loups ils n'ont ni foi ni parole — féroces quand ils sont au pouvoir, rampants quand ils sont à terre — où voyez-vous là le moindre trait qui puisse rappeler l'humble Jésus? Rien d'étonnant donc à ce que nous ayons toujours eu une aussi grande peur du jésuite, de cet homme noir auquel nous avons donné le nom de

caffard, synonyme pour nous de la bête répu-
gnante que nous avons le plus en horreur —
Jésus et les jésuites, qui oserait jamais les
comparer l'un à l'autre si ce n'est ponr montrer que personne n'a plus crucifié Jésus que
les jésuites.

II

Outrage au drapeau

Nous apprenons à l'instant qu'à Morez (Jura) et peut-être ailleurs, une bande d'illuminés, de sacristains en goguette qui s'intitulent *chevaliers de la croix*, a promené processionnellement un drapeau tricolore, notre drapeau national, le drapeau qui a fait le tour du monde en y portant la lumière et le progrès, barbouillé d'un cœur doré au milieu du blanc. C'est-là un outrage à notre honneur national et nous ne pouvons, nous fils de la révolution, laisser plus longtemps souiller ainsi le symbole de notre gloire et de notre liberté. Nous ne savons, s'il y a dans notre code une pénalité pour réprimer ce crime de lèse nation, mais nous sommes certain qu'il n'est pas un seul Français dont le cœur ne se soulève d'indignation en présence de ce nouveau défi des fils de Loyala. Qu'on y prenne garde, la mesure est comble.

III

Les réformes nécessaires

Tel est le titre d'un programme de réformes
publié sous la signature de notre ami Emmanuel Vauchez, ancien secrétaire général de la
Ligue de l'Enseignement et promoteur du
pétitionnement en faveur de la laïcité, de la
gratuité et de l'obligation de l'enseignement
primaire, dont nous regrettons de ne pouvoir
donner que les grandes lignes et qui est destiné à appeler l'attention publique sur les
grandes questions financières, morales et
religieuses dont la solution peut nous con-
duire, sans révolution désastreuse, mais par
une sage évolution, vers un avenir digne de
la République. Vauchez demanda tout d'a-
bord la réorganisation du suffrage universel
sur la base de la suppression du droit de vote
aux assistés par l'Etat, les départements et
les communes, et aux électeurs qui n'ont pas
pris part au vote sans raison plausible, il y
aurait à y joindre l'assurance du secret et du
respect du vote. Nombre de gens ne votent
pas parce que leur vote étant connu, ils se

trouvent privés des travaux qui les faisaient vivre, etc.

2° Suppression de la mendicité et du vagabondage à l'aide de mesures favorisant l'obtention au travail et l'émigration aux colonies ; — l'établissement du monopole et de la rectification de l'alcool ; — la suppression de l'impôt foncier sur la terre ; — l'établissement d'un impôt de 4 % sur les revenus ; — la suppression des restrictions qui frappent les enfants naturels ; — l'éducation gymnastique et militaire donnée aux jeunes gens jusqu'à l'entrée au régiment ; — l'application intégrale des lois qui visent les congrégations religieuses ; — enfin la suppression du budget des cultes et la séparation des Eglises et de l'Etat.

Extrait d'un article dans lequel le *Petit Dauphinois* signale la rentrée des Jésuites et leurs menées (mai 1893) :

Grâce, dit-il, au laisser-faire de l'administration, grâce à l'indolence des fonctionnaires, une organisation puissante a été créée ; elle couvre toute la France ; l'armée, que nous voudrions voir au-dessus de toutes nos querelles de partis, a même été atteinte...

Depuis trois ans, les ordres religieux, qui

avaient été dissous lors de l'exécution des décrets, se sont peu à peu reconstitués; timidement, les pères et les frères ont regagné leurs couvents qui, aujourd'hui, sont occupés comme si jamais les congrégations non autorisées n'avaient été dispersées.

Les disciples de Loyola ont été les premiers à se réinstaller et à recommencer leur œuvre de division entre français, interrompue par la sage mesure arrêtée en 1880. Et ils ont fait de bonne besogne, si partout ils ont agi aussi activement qu'ici. A Grenoble, ils sont à la tête de toutes les associations; de l'ordre de St-Maurice, du cercle militaire situé rue St-Laurent, comme de la conférence St-Hugues, comme de toutes les réunions de femmes telles que celles des mères chrétiennes. Toutes ces espèces de confréries tiennent leurs assemblées dans le local même des Jésuites, c'est-à-dire place des Tilleuls.

En résumé, les Jésuites sont à Grenoble aussi nombreux qu'ils y étaient avant les décrets, et bientôt ils consacreront leur nouvelle prise de domicile par l'ouverture de leur chapelle.

Quant à leur œuvre, on sait en quoi elle consiste, on sait ce qu'ils ont déjà fait : non contents d'embrigader les civils, ils enrôlent à présent les militaires, et, qu'on le retienne bien, ce qu'ils font à Grenoble, ils le font dans toute la France.

Quelle résistance opposons-nous, quelle mesure prend le gouvernement pour nous défendre contre ce travail de mine dirigé contre la démocratie ?... — La réponse serait trop attristante à faire !

CONSEILS PRATIQUES

Ceux qui ne suivent pas les *Leçons cliniques* de l'*Institut magnétique*, peuvent apprendre très facilement la pratique du Magnétisme en lisant les *Conseils pratiques* du professeur H. DURVILLE.

Rédigés dans un style simple et concis qui les met à la portée de toutes les intelligences, avec des exemples de guérison montrant la simplicité et la valeur de la méthode, ces *Conseils* permettent au père et à la mère de famille ainsi qu'à l'amateur d'appliquer le Magnétisme avec succès, au soulagement et à la guérison des diverses maladies dont leurs enfants, leurs parents, leurs amis peuvent être affectés. (Pour bien comprendre le mode d'application, ceux qui n'ont aucune idée du Magnétisme devront lire les *Procédés magnétiques* de l'auteur, brochure de propagande à 20 centimes.)

Les *Conseils pratiques* qui sont publiés s'appliquent aux cas suivants :

Amygdalite, Angine, Anémie, Anémie cérébrale, Apoplexie cérébrale, Asthme, Ataxie locomotrice. — *Battements de cœur, Blépharite, Bronchite.* — *Catalepsie, Catarrhe vésical, Céphalalgie, Chlorose, Choroïdite, Chute des cheveux, Congestion cérébrale, Conjonctivite, Constipation, Crampes, Crampes d'estomac, Crampe des écrivains et des pianistes, Crises de nerfs, Croup, Cystite.* — *Danse de Saint-Guy, Délire, Delirium tremens, Double conscience, Dyspepsie.* — *Emphysème, Encéphalite aiguë, Encéphalite chronique, Entérite, Entorse, Epilepsie, Esquinancie, Essoufflement, Etat nerveux, Etourdissements.* — *Fibromes, Fièvre cérébrale, Fièvre typhoïde, Fluxion de poitrine, Folie.* — *Gastralgie, Gastrite, Gastro-entérite, Glaucome, Goitre, Goutte.* — *Hallucinations, Hémiplégie, Hydropisie, Hypocondrie, Hystérie.* — *Ictère, Idiotie, Imbécilité, Impulsions, Insomnie, Iritis.* — *Jaunisse.* — *Kératite.* — *Laryngite, Léthargie, Lumbago.* — *Mal de tête, Mal de dents, Manies hystériques, Mélancolie, Méningite, Migraine, Myélite.* — *Nervosisme, Neurasthénie, Névralgie simple, Névralgie faciale, Névrose.* — *Obésité, Obsession, Odontalagie, Ophtalmie, Oppression, Otalgie, Otite, Otorrhée.* — *Pâles couleurs, Paralysie simple, Paralysie faciale, Paraplégie, Pharyngite, Phtisie pulmonaire, Phtisie laryngée, Pneumonie, Prostatite.* — *Rétinite.* — *Sarcomes, Sciatique, Somnambulisme spontané, Spasmes, Surdité, Surdi-mutité, Syncope.* — *Tic douloureux, Tumeurs.* — *Uréthrite.* — *Vertige, Vomissements, Vomissements incoercibles de la grossesse.*

Chaque *Conseil pratique*, inséré dans un numéro du *Journal du Magnétisme*, est envoyé contre 50 centimes.

Le traitement de toutes les maladies sera successivement publié sous la forme d'autant de *Conseils pratiques*. En attendant que ce travail considérable soit achevé, le professeur H. DURVILLE se tient à la disposition des malades pour leur expliquer, par correspondance, tous les détails du traitement magnétique qu'ils peuvent faire, soit par eux-mêmes, soit par l'intermédiaire d'un parent ou d'un ami dévoué. Pour cela, indiquer la cause probable de la maladie, la nature, les symptômes, etc.

Prix d'un Conseil pratique écrit spécialement pour un cas qui n'a pas encore été publié. .... **10 fr.**

ÉCOLE PRATIQUE DE MAGNÉTISME ET DE MASSAGE

Fondée en 1893

(Enseignement supérieur libre reconnu par décision du 26 Mars 1895)

Dirigée par le Professeur H. DURVILLE

Sous le Patronage de la **Société Magnétique de France**.

Directeurs-adjoints : MM. les Docteurs ENCAUSSE (PAPUS) et MOUTIN.

Administrateurs : MM. BEAUDELOT, DÉMAREST et DURVILLE.

23, Rue Saint-Merri, 23

L'École a pour but de former des praticiens expérimentés et de mettre le Magnétisme thérapeutique et le Massage à la portée des gens du monde. L'enseignement est divisé en deux parties comprenant :

1° *Enseignement théorique et pratique*, se divisant en cours d'Anatomie générale, de Physiologie, d'Histoire et Philosophie du Magnétisme, de Somme magnétique, de Procédés et Théories du Magnétisme, d'Expérimentation, de Pathologie et Thérapeutique magnétiques, de Massage, de Psychologie, etc., etc., par des médecins et des professeurs spéciaux.

2° *Enseignement clinique*.

La première partie de l'enseignement a lieu les lundis, mercredis et vendredis de chaque semaine, à 8 h. 1/2 du soir, du 1er octobre au 30 juin, la seconde, toute l'année, le jeudi et le dimanche, à 9 heures du matin, à la clinique de l'École.

Après un examen passé devant une commission spéciale, les élèves qui ont les aptitudes suffisantes reçoivent un diplôme de *Magnétiseur praticien*. L'enseignement supérieur est destiné à former des professeurs.

Le magnétisme humain est une force inhérente à l'organisme et toute personne dont la santé est équilibrée peut guérir ou soulager son semblable. Dans la plupart des cas, sans connaissances médicales, l'homme peut être le médecin de sa femme ; celle-ci, le médecin de son mari et de ses enfants. En outre, le magnétisme terrestre et presque tous les corps ou agents de la nature peuvent servir d'auxiliaires.

Dans les maladies graves où la vie est en danger, quelques magnétisations faites dans les règles de l'art suffisent presque toujours pour faire cesser les symptômes alarmants. Un parent, un ami, un domestique animé du désir de faire le bien, peut souvent acquérir en quelques jours les connaissances suffisantes pour guérir la maladie la plus rebelle, si les organes essentiels à la vie ne sont pas trop profondément altérés.

L'enseignement de l'École est destiné à obtenir ce résultat, autant qu'à former des magnétiseurs et des masseurs professionnels.

En dehors de l'enseignement donné à l'École, le directeur se met à la disposition de ceux qui ne peuvent pas se déplacer, soit à Paris, en Province ou même à l'Étranger, pour organiser le traitement au lit du malade et mettre un parent, un ami, en état de continuer le traitement.

Le directeur reçoit le jeudi et le dimanche, de 10 heures à midi ; les autres jours, de 4 heure à 4 heures.

www.ingramcontent.com/pod-product-compliance
Ingram Content Group UK Ltd.
Pitfield, Milton Keynes, MK11 3LW, UK
UKHW021115220726
13924UKWH00004B/1726